Let

All Things

允许万物 穿过我

Flow Through

Me

李梦霁 —— 著

CTS 湖南文艺出版社
HUNAN LITERATURE AND ART PUBLISHING HOUSE

博集天卷
CS·BOOKY

· 长沙 ·

这本书，就送给那些被现实拖住，暂时还没有机会看世界的人。
世界如此辽阔，而我们的心，远比世界更辽阔。

目 录

Part 1

背叛大地的
游牧人

1

要成为能随时随地
救自己一把的人　

成长是一场游戏，勇敢的人先开始，
但代价是错过风景，不能回头。

中国台湾

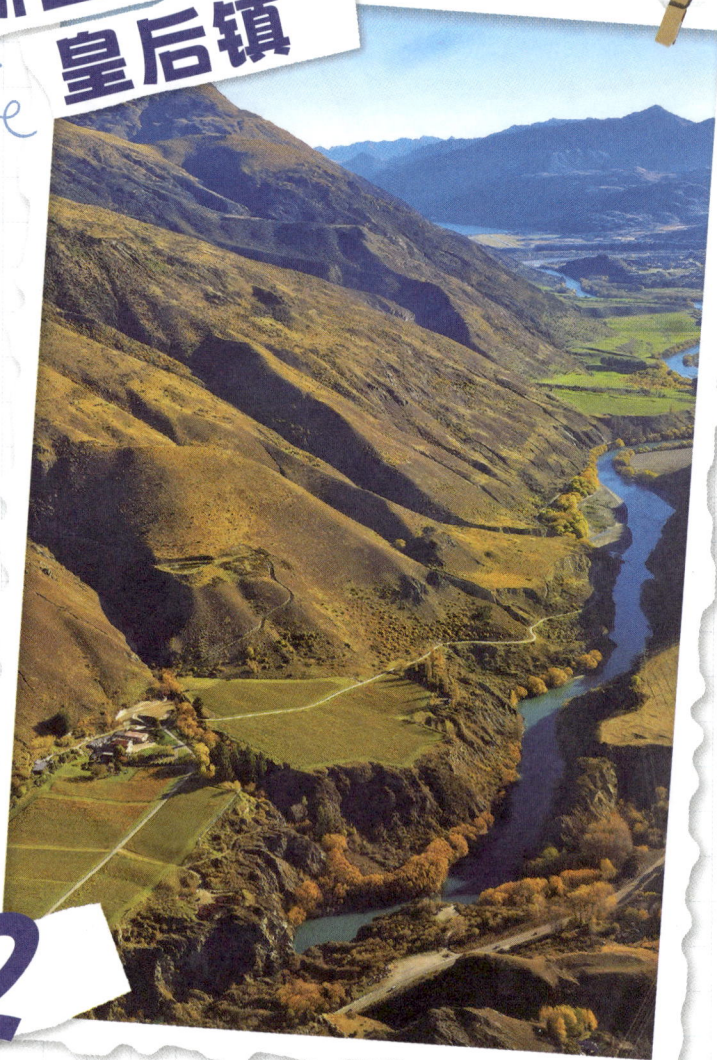

新西兰
皇后镇

2

首先你要快乐，其次都是其次 034

最重要的是你的心态，是你要真正懂得爱自己、欣赏自己、接纳自己。

做 100 件能在心里放烟花的小事

快乐不是遥不可及的梦想，而是此时此刻，用心感受
每一件小事带来的喜悦。

3

墨西哥

摩洛哥

4

我从未如此眷恋人间 058

生命的惊艳，向来不在奇观，而在凝视奇观时发亮的眼眸。

Part2
油箱满满的逃亡者

人生难能多如意，万事只求半称心 072

这个世界上总有一些人，不是因为你优秀又漂亮，才给你糖吃的。
而是明知你不乖又邋遢，仍会紧紧地抱住你。

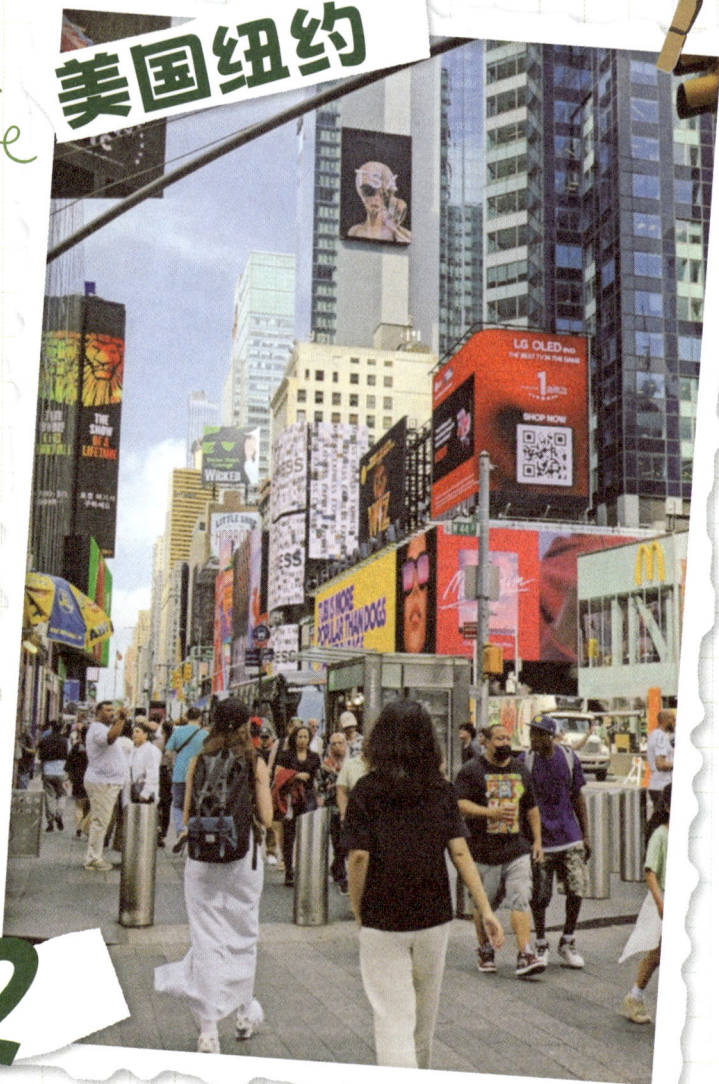

美国纽约

2

爱我，就是陪我吃饭 086

我们终究会发现，每一场际遇，都是一个指示，
引我们走向未知的、命运馈赠的远方。

英国牛津

3

允许万物穿过我 096

不为不值得的人、事花费心血，不因世间的污浊和不堪怀疑自己，
把时间浪费在美好的事物上。

冰岛

4

我愿纵身一跃去冒险 107

我愿纵身一跃,去拥抱这世间所有的惊奇与感动。
因为生命,本就是一场华丽的冒险。

Part3

世界是永不熄灭的野心

中国香港

1

世界人来人往，你要自救自渡 120

我们无力改变过去，却可以改变曾经发生的事对我们的影响，只是看你怎样选。

福建宁德

2

我爱这寻常日子里的小确幸与小欢喜 133

亲爱的，这世上只有一种英雄主义，就是认清生活的真相后，依然热爱生活。

3

你永远有机会，活成自己喜欢的样子

你活成谁，只取决于你。你不必成为"有毒"父母的复制品，抑或家庭战争的牺牲品。

埃及

4

人生缓缓，自有答案

只有看见伤痕，疗愈才有可能发生。
万物皆有裂痕，那是光照进来的地方。

澳大利亚
黄金海岸

Part4
我即万千路途的总和

1

**人在江湖漂，
谁能不挨刀** 170

这就是我环球旅行的最后一站，
给 30 岁的环球之旅，画上的不完美句号。

法属波利尼西亚
塔希提岛（大溪地）

浙江乐清

2

明天的事交给明天，就是人间值得 181

今朝有酒今朝醉，明日愁来明日愁。

你们担心的这些事都还没发生，也许根本不会发生。

3

勇敢之前，没有幸福

旅行真正的意义，是见天地、见众生，是让我们不再理所当然地活着。
无论相隔多远，机缘发生，总会相逢。

秘鲁

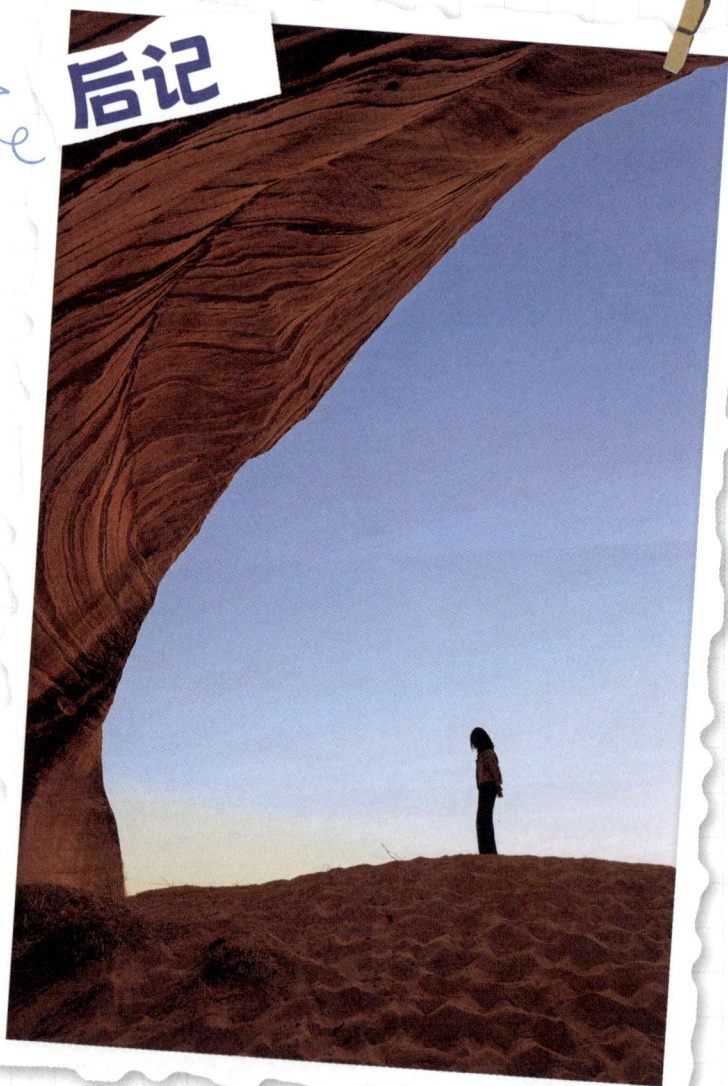

好好爱自己，是我们一生的课题 204

她在成为自己的路上，
从未放弃战斗

01 拥有"海燕精神"的挚友

当今这个时代，很多人在兜兜转转后选择了"躺平"。作为一个"高考之后即躺平"的人，对于逃避、放弃、"歇歇吧"，我太有心得了。可是，自以为看透名利、看淡人生的我，居然有一位拥有"海燕精神"的挚友——梦霁。

认识她的人都知道，她就是这样，在生活的狂风暴雨中一次又一次展翅翱翔，哪怕遍体鳞伤，依然勇往直前。她是我的姐妹，也是我的骄傲。你很难想象一个外表温柔淡雅，说话淡定从容的女子，是怎样在挫折、困顿、绝望面前屡败屡战，知难而上的。

她让我看到真正熠熠发光的灵魂，是的，灵魂——这样一个在现代语境中越来越稀缺的词汇；她也让我羞于懒惰和怯懦，尽管她从不指摘身边任何人的缺点，她只做好自己，却让每一个靠近她的人，想要变成更好的自己；她让我知道，只要自己敢于突破，一切皆会为你让路。

她有让不可能成为可能的能力。我们相识于大学校园，军训时她非常叛逆，总惹教官生气，罚她跑 5000 米。但军训结束，她的叛逆期好像突然就结束了，她开始努力学习，大大方方地登台竞选级长，几乎是全票当选了我们学院的级长。要知道，原本只有班长才有资格竞选级长，但她"一介草根"站在台上，却比所有的班长都闪亮。

在那个女生颇多，人人奉行"温良恭俭让"的师范学校，她是那样独特，敢上台，敢争取，不畏他人的目光。

大一那年，身为级长的梦霁想为全校同学办一场"化装舞会"，在我们那个学生以"乖巧"著称的学校里，这简直是前无古人的，辅导员、学生会，所有的人都悬着一颗心，担心她办不成。她那时只有 18 岁，还是外地人，在广州无亲无故，进校刚刚 3 个月，但她一个人，写策划、拉赞助、买道具、做海报，联系酒店管理专业的学姐表演现场调酒，在食堂采购点心等夜宵，自学交谊舞又教会了全年级的同学……她前后忙了 2 个月，最终呈现了一场完美的化装舞会。若没有她，我们怎会有那样美好又特别的大学记忆？

从那时起，我就知道这个女孩不一般，她心里有一团火，偶尔遇到风吹雨打，火苗变小了点，却总有力量给自己的内心再添把柴。

对待生活，她总有无限的热情，主动和这个世界创造联结。上大学时她出去旅行、探店、兼职、实习、参加辩论赛，忙得团团转，而我总是在思考，在空想，当我还在头脑中不断为"人生的意义"苦苦寻找答案时，梦霁已经用实际行动，探索出了无限的可能。她的生活充满火花。正如作家陀思妥耶夫斯基所表达的：**要爱具体的人，不要爱抽象的人；要爱生活，**

不要爱生活的意义。

02 热爱生活、读万卷书、行万里路

刚上大学时，我以为身边会挤满和我一样的"小镇做题家"，但梦霁与我们截然不同。身为多年的校文科状元，她会学习、会考试，但不只会这些。她有让人惊叹的知识储备量，同样是文科生，她从不局限于高考考什么就学什么，凡她喜欢的，她都要刨根问底，一探究竟。

对于"洋流、气压带、辛亥革命、冷战、价值规律"这些名词，我们在高考结束的那一刻就全丢给老师了，她却能随时随地用来分析现状、指导人生——跟我分享她从"400毫米等降水量线以北"地区，搬到"800毫米等降水量线以南"地区生活的体感变化；认为从事机械的重复劳动，是马克思说的"人的异化"，注定痛苦；她喜欢民国时期的国学大师，就翻遍了学校的图书馆，写出了点击量破亿的自媒体爆款文章《鲁迅妻子朱安：一生欠安》；她读过几乎所有市面上能买到的言情小说和武侠小说，能随口说出古龙某部作品里的细节，复述出角色的经典台词，但她为人低调，不爱炫耀，只是轻描淡写的一句话，就能表达出很多我"心里有、笔下无"的观点。

在大学里，我们形影不离，有说不完的话，她真的是太有意思的一个人了！

《一生欠安》是梦霁在大学里写的，我们学校的宿舍条件是出了名地艰苦，除了铁架床的上下铺，每人只配了一张小木桌，一个小板凳，甚至都没有靠背。她就坐在那个小小的板凳上，踏踏实实地写，安安静静地写。

有一个场景总在我的脑海中浮现：她坐在宿舍最靠近阳台的位置，我在她身旁，向右扭头，总能看到她在专注地思考、打字，黄昏的宿舍只有阳台的一点光照进来，就好像是她在发光。这么多年过去，她真的发光了，还照亮、温暖了那么多读者的心。

当时那个坐在板凳上的小小女孩，现在这么丰富、迷人、

独立、优秀，我真替她高兴。

她对自己的要求很高，会做主动申请去加拿大留学这种我想都不敢想的事，也会跟我分享好书，带我出去旅游，带我见识世界。受书香门第的家庭环境的熏陶，得益于优秀的表哥、表姐的激励，她成长为这样一位热爱生活、读万卷书、行万里路的奇女子。

我们都很喜欢电视剧《金粉世家》，也喜欢主题曲《暗香》，巧的是，起初《一生欠安》要改编成影视剧时，也配了《暗香》这首歌——"如果爱告诉我走下去，我会拼到爱尽头"。这样执着的爱情观，也是梦霁的。

对待感情，她至真至性，爱得轰轰烈烈，从不后悔。**我甚至觉得没有男人能承载她的爱，她汹涌的、澎湃的、蓬勃的爱太厚重，需要有一定人生经历和感悟的人，才能有足够的心性去接纳。**她的爱是一份天赐的礼物，被她好好地爱过是一种幸运，而她本人则是 whole package（完美的女神），她太全面了，全面到寻常天资不足、心力不够的男人反而会感到压力，选择离去，但这对她而言，也未尝不是一种幸运。

我无意中看到一条读者的书评："像李梦霁这样的女作家，在生活中一定很难相处。"我很生气，这是凭空臆断。如果你在生活中认识她、了解她，你会知道她是最好相处的人，善良、自谦、清醒、温暖，总是优先考虑他人，从不恃才自傲。

对亲人，她无比尽责，甚至有点大包大揽，超越了一个"90后"独生女应尽的责任，反倒像位大家长，为家人的安危、健康、生活、情绪，全然地奉献，付出了自己。她在大学里当家教，挣的钱给家里添置小家电，给爸妈买名牌衣服，自己却只穿最普通的棉麻布衣；一个人出门旅游住青旅，带妈妈去旅行时却总是挑选更好的酒店；家里长辈生日聚会，她是家里最小的孩子，却总是抢着付钱。

对朋友，她倾尽所有去倾听、去鼓励、去帮助，我认识她至今已有12年整，她是为数不多不怕朋友啰唆，忍受我们发泄情绪，并能在众多混乱的吐槽中抓到"题眼"和"痛点"，为朋友找到真正解法的人。

她比我见过的很多心理咨询师，更有专业度和职业道德，为此而承受的负面情绪、负能量她也从来不说。师弟、师妹找不到工作，她帮他们推荐相熟的公司；自从她读了研，她带领身边至少 5 个朋友都读了研，这些都是无偿的辅导、帮助，不求回报；她为了我"走不出去"而遗憾，也会对身边的其他朋友、读者付出真心，竭尽所能。

梦霁每一本书的推荐序都是朋友和家人写的，把这些推荐序拼凑起来，你会看到一个更真实、更立体的女作家，而不只是想象中标签化的"女作家"。她总说我们写的是"溢美之词"，但我们没有夸大其词，甚至还担心自己笔力有限，根本写不出对她的欣赏与喜爱。

她最初写传记，处女作就是爆款畅销书，后来写散文，销量更上一层楼，将来还会写小说，我相信也必不会差。**熟识她的人都认为，她的文学价值是被低估了的，以她的智慧、才华、勤奋，只要她还在写，就一定会有更大的成就。**

03 她的成熟是从痛苦和血泪里开出的花

作为她的闺密，我比多数读者更了解她内心的痛苦和挣扎，但我更惊讶于她每次都能迈过这些坎坷，重新漂亮地站起来。**现在的她，已经完全挣脱了"他人期待"的裹挟，我从未想到她会有如此转变，但我很欣喜，她的眼神里不再有不甘了，而是流淌着真正的温柔。**

"别人对我的期待已经不重要了，我先管好我自己。"她说。

这句话，是她对自己说的，仿佛也是对我说的，对所有东亚女性说的。

我很羡慕梦霁，有幸找到了"发自肺腑的热爱"，能够"倾尽全力地燃烧"，文字、写作，总能点燃她，这是她的福佑，也是她在灰烬中重新站立的支点。将自己的人生铺开，展开所有褶皱，和世界上每一个读者坦诚分享，这需要勇气，也需要热爱。

过去这么多年，见过这么多人，经历这么多事，她终于"成功"了，不只是世俗意义上的成功，是她找到了自己，成

为自己。在这条路上，她从未放弃战斗，从未放弃接近幸福。

人生总要经历"看山是山，看山不是山，看山还是山"的三重境界。年轻时，我们都很迷茫，渴望人生能按下快进键和倍速键，跑步进入第三境界，但如今 30 岁，我们依然在路上，只是面对未来，我们不怕了。因为"唐僧取的真经在西天，孙悟空取的真经在路上"，不管我们是谁，我们都走在一边寻找，一边获得的路上，重要的是过程，而非终点。

梦霁的妈妈说："李梦霁成熟了，但她的成熟是从痛苦和血泪里开出的花。"我同意。作为朋友，我钦佩她、崇拜她、心疼她，但我知道，永远不必担心她，因为她的智慧、心力与勇气源源不断，我只需要陪在她身边，做她需要时可以倚靠的肩膀。

我衷心地希望有更多的读者喜爱梦霁，这并不难，了解了这个经历丰富又不屈不挠的女人，爱上她是很容易的事。

美卉

2024 年初秋，于内蒙古

永志不忘，小姑娘

* * *

几年前，我还在当编辑，结识了一位北大化学学院的老师，她因少时喜读话本，花了12年业余时间，写就一部50万字的巨著，改编了一本人们耳熟能详的明清小说。

她是很纯粹的写作者，不图名利，只为情怀而写。

我力排众议签约了那本书，尽管销量平平，但我很庆幸，曾为"初心"埋单。我还为她写过一篇文章，叫《一生热爱，无法回头》（有修改）：

身处高速运转的喧嚣时代，越来越快的网速，越来越快的迭代，越来越快的聚散。

在出版业这个大工厂里，摸爬滚打几年，为了蹭热度、赶黄金销售期，作家、编辑连轴转，一个月"生产"出一本书，是司空见惯。

人人都有不得已，但我偶尔，还是会深深迷恋薄薄的纸张背后，那一点匠心。

我很清楚创作需要什么，需要深夜痛哭、红尘不渡，需要万家灯火里刻意避离的一点孤独。

柔肠百转，萃取一分真心，是时间的馈赠。

十二年间，她读博、留学、任教、生女，在顶尖学府做科研，完成50余万字的小说，不留余地地涂满生命的每一种可能，在异国他乡的颠沛中，在午夜梦回的愁绪里，完成创作；知名出版人曾向她约稿，但她因不愿为赶进度仓促截稿而婉拒，她自有风骨，与世无争；为了塑造更真实的主人公，她拜师学古琴，联想到自己曾为文中女子怒而削发的"壮举"，我想，我理解她。

写作于我们，不是职业，是生命，是一生热爱，无法回头。

坦白说，发行方无人看好这本书，如今市场浮躁，能沉下心来看书的人少了，更不必说50万字。且流量时代，作者却没有粉丝。

但我总觉得，我们需要这样的作者，需要这样的文字。

文学最动人处，有时恰恰是那一点"无用"。

我为这不合时宜的深情，深感抱歉。

做编辑时，我的初心，是出版一些值得面世的文字。

* * *

2014年，我的第一本书正式签约，往后11年，我见识过形形色色的编辑、出版商、版权经纪人，为了探探这一行"水有多深"，还躬身入局，成了出版方的一分子。

这些年，见过高谈阔论的人，食言而肥的人，铜臭满身的人，亦见过肉食者鄙。

约定的出版日期，因编辑的拖延症无限后延，支付稿酬时，公司的借口更是层出不穷，推三阻四；安排了签售会，却舍不得订酒店，我风尘仆仆地赶到，只能在编辑家里打地铺过夜；航班取消，命我在机场枯坐一夜，一早飞，只因改签到中午的航班要加钱；编辑和领导斗法，负气离职，城门失火，我的稿子却受了池鱼之殃；年底的稿费账单亦是四处漏风，经不起推敲……凡此种种，屡见不鲜。

《金刚经》里说："不于一佛、二佛、三四五佛而种善根。"我每每想到，写作出版，是"不于一司、二司、三四五司而受其苦"，无论国营私营、大司小司，总有搓磨人的新花样。

我理解行业艰难，但长此以往，一个全职作家的创作信心也日渐被消磨。

心理励志类图书，我已写了6本，30多年的人生，无论命运怎样颠沛辗转，总归言之将尽，加上行业严冬，我原是不打算再写了。

直到2024年9月，在北京一间胡同里的咖啡馆，我第一次见到这本书的编辑，珩瑾。

她小我几岁，刚进入业内头部大公司，鲜活、热烈、不知疲倦，有一种生机勃勃的美，我想起几年前北漂的我。

读到一本打动自己的书，千方百计地联系作者，夜以继日地写策划案，最终签约喜欢的作家，出版一本自己满意的代表作。

从业几载，见惯人来人往，仍留在行业里的，十无二三。

但见到珩瑾，她有着少年人的生动，真诚、执着、倔强，像未被世事催逼的璞玉，我知晓，这些玲珑剔透的天真，早晚会被成熟、精巧、周全所取代，但那一刻，我很希望能和这样清澈的年轻人合作，能写出对她的编辑生涯有意义的作品，更想与一个青春的、崭新的世界相碰撞，把火花传递给书页前的每一个你。

不必勿忘初心，年轻是初心本身。

＊＊＊

签约后，我反复思考，假如你已读过我的作品，为什么会再打开这一本。

恰逢有读者在微博给我留言："买了你的《允许一切发生》，当睡前读物，以为读完能放过自己。没想到，看完你的故事，30 岁前那么精彩——大学考到广东，上班去北京赚钱，毕业第一年买车，裸辞去欧洲旅行；年少成名，25 岁前买房、读研、去牛津、和余华同台领奖，不到 30 岁就财富自由，环游世界……我这辈子恐怕都不会比你的人生更精彩了，这本睡前读物使我更睡不着了。"

我苦笑着回复："高考以一分之差挥别 985，读了一所末流 211 却没顺利毕业，申请上香港的研究生又无法入读，25 岁买房被诈骗，28 岁离婚、净身出户还两度被告上法庭，29 岁被裁员再难找到工作……或许你看看我的其他书，就能睡着了。"

我听过一句话，每个人在出生前都看过自己的人生剧本，是你真的想要过这样的一生，才选择了这个剧本。

30 岁前，我的人生故事有着泾渭分明、天壤之别的 AB 面，A 面花团锦簇，烈火烹油，B 面不如意事常八九，欲语泪先流。

正如张爱玲"华袍藏虱"的譬喻，亦如今年春晚的歌词：

世界赠予我虫鸣，也赠予我雷霆；

赠我弯弯一枚月，也赠予我晚星。

赠我一场病，又慢慢痊愈摇风铃；

赠我一场空，又渐渐填满真感情。

我刚写下《一生欠安》的时候，有很多抛头露面的机会，许多文化类、读书类综艺的导演联系我参加节目，我大多婉拒了。即便后来办签售、做直播，我心里也总觉勉强。

我擅长演讲，不惧镜头，但这些人前风光的事，我并不喜欢。

对名利，对人群，我总想刻意后退一步。

我常在想，像我这样向往平凡的人，竟会过着一种大起大落的 AB 面人生，不知生前选剧本时是不是打了盹。

从前，我很喜欢的一个制片人形容我："李梦霁很有才华，又那么年轻，却安于一生两人三餐四季。"

为此，常有人替我感到惋惜，认为我本可以更红，过更富足的日子。

但我深知人生苦短，不必处处勉为其难。

苦难，抑或光鲜，一律看得清淡，我允许万物穿过，允许一切发生。

＊　＊　＊

在我的作者简介里，躺着这样一句话："22 岁走遍中国，30 岁环游世界。"

年末好友相聚，大家最乐意听我聊的，也是环球旅行的见闻逸事。

这本书，就送给那些被现实拖住，暂时还没有机会看世界的人。

我既没有财富自由，也没有祖荫庇佑，不是网传的富二代，也没有踩中什么一夜暴富的风口，只是普普通通一个人，无怠无荒地上班，克勤克俭地上路。

所幸父母康健、工作自由、没有小孩，所以敢花光积蓄、花足时间环游世界，把很多沉重的人生议题轻盈以待——但我依然敬佩那些可以在婚姻中、职场上、亲子关系里找到价值和归宿的人——是我力不能及，而非不愿。

有人对我说："你的生活我的梦。"其实每一种生活都只是选择，有差别而无高下，只不过，人总会美化自己没选择的那条路罢了。

在路上，我蹲特价机票，坐红眼航班，吃街边小摊，住简易民宿，有时为了赶路饿肚了，也会在被坑钱时奋力抗争……我就是你身边每天都会遇见的，最平凡的普通人，因幸运多去了一些地方，趁还未遗忘，同你讲一讲。

30岁这一年，我在冰岛的冰川上徒步，脚下的冰层发出细微的碎裂声，诉说着远古的记忆。旅行，是回归，回归生命最初的好奇。

在摩洛哥，我遇见一位阿拉伯老人，她的眼睛深邃如沙漠，皱纹里藏着无数星辰。她说："每一粒沙都记得风的来处，每个人心里都住着整个世界。"

秘鲁的马丘比丘古城，在云雾缭绕的晨光中苏醒，古老的石墙里藏着印加人的低语。他们用石头砌了城池，也砌出对永恒的追问。

在塔希提岛（大溪地）的潟湖里浮潜，去尼罗河乘坐落日帆船，从悉尼歌剧院的贝壳屋顶走到纽约帝国大厦的钢铁森林；在墨西哥的亡灵节体验与死亡共舞，去波尔图的夕阳里等待一杯葡萄酒的醇香，在巴塞罗那看一场弗拉明戈的热辣滚烫。

世界如此辽阔，而我们的心，远比世界更辽阔。

少年时，我曾说："我们为什么写作？为了深爱的人。"

如果你因为听了我的故事，在湿漉漉、灰扑扑的现实生活里，开始心仪一座城；又在未来的某天，因缘际会，去到了神往的远方；甚至因此**你更爱人间这一趟，也更爱天地间这个小小的自己——那么，我所有作为写作者的"初心"，便可实现了。**

永志不忘，小姑娘。

李梦霁

乙巳年，于南极

我是一个游牧人，

不是农夫。

我崇拜流浪、变化和幻想，

不愿将我的爱钉在地球某处。

————赫尔曼·黑塞

Part 1

背叛大地的游牧人

1

要成为能随时随地
救自己一把的人

———

成长是一场游戏，
勇敢的人先开始，
但代价是错过风景，
不能回头。

01 平凡之路

有一个很有趣的现象，我常在书里和社交平台上无偿分享我读过的书、看过的电影、听过的歌，我和它们的作者、出品方、版权方都不认识，我只是在某个人生阶段，真切地喜欢过那些作品。

很多人会给我发私信，说很喜欢我提及的书影音，并且因为我的推荐，买了那本书，或是买票看了那场电影。

我笑称，看来在带货方面，我还有些天赋。

有时，出版社担心有打广告之嫌，让我略去一些作品的名字，还有人会专门截图问我，那些到底是什么书或是电视栏目。

2014 年，朴树发行了一首歌：《平凡之路》。我在台湾，在九份山城的阿妹茶楼，整日单曲循环。

我的高中时代，被校长寄予厚望。高三时，校领导屡屡找我谈话，希望我报考中国最好的学校，结果我高考惨遭失利，只读了一所非常普通，很多北方人都没听过的院校。

在大学，我不甘堕落，勤勉上进，是老师口中"最好的学生"，大二就修满了学分，还辅修了双学位。在校期间，我专业排名前三，做过三次交换生，拿过两次奖学金，完成了五份实习，还当背包客走遍了全中国，却因意外事件受了处分，未能顺利毕业。

绝望中，怕见众人浑浊的目光，我一个人躲去了台湾，一头钻进《千与千寻》的取景地——九份山城，在"汤婆婆的油屋"里，单曲循环《平凡之路》：

我曾经跨过山和大海，也穿过人山人海，我曾经拥有着的一切，转眼都飘散如烟。

我曾经失落失望失掉所有方向，直到看见平凡，才是唯一的答案······

我曾经毁了我的一切，只想永远地离开，我曾经堕入无边黑暗，想挣扎无法自拔。

我曾经像你像他像那野草野花，绝望着，也渴望着，也哭也笑平凡着。

向前走，就这么走，就算被给过什么；向前走，就这么走，就算被夺走什么；向前走，就这么走，就算会错过什么。

宫崎骏笔下小小的千寻，在陌生的"鬼城"里丢了父母，无亲无故，只能一个人抵抗所有命运的风霜雨雪。

做苦力、被欺负、吃不饱、被追杀······她却咬着牙活了下来，还救出了父母，终于回到了人间。

她是那样坚毅的女孩，是我想成为的人，是能随时随地救自己一把的人。

九份山城是《千与千寻》在现实世界中的映照，"九份"的名字源于清朝，据传这里当时只有九户人家，每次居民外出采购，都会备足"九份"物品，因此得名。

房屋顺应山势，鳞次栉比地盖在一起，形成别具一格的坡地景观。

狭窄的街道和陡直的台阶，高高低低，弯弯曲曲，行走其中，仿佛走在前户的屋顶上。

许多老建筑得以保留和修复，成为游客探索历史的窗口，它们融合了传统的中式建筑风格、台湾原住民风格和日本风韵，风格独特，耐人寻味。

九份山城的夜景尤为迷人，华灯初上时，整座山城灯火辉煌，仿佛置身梦境。于高山俯瞰，万家灯火如同繁星撒落人间。

我放了一只孔明灯，祈愿成为像千寻那样，能千万次救自己于水火的女孩。

02 不如意事常八九，可与人言无二三

我开始北漂那年，街头巷尾流传着另一首歌，名叫

《行歌》。

遇见它的头一秒，就摧枯拉朽般击中了我。旋律清澈，歌词简单，淡淡的，有一种悲凉。

成长是一场冒险，勇敢的人先上路。

代价是错过风景，不能回头。

回想我的少女时代，太过拘谨和早熟，少有恣肆和无忧的时刻。

带着一腔孤勇，早行人，先上路。我离开出生的城市，18岁，飘零五千里。

在他乡，有过流光溢彩的时刻，更多的，是走投无路的凄寒。

最绝望时，生难死易。拒绝一切安全带类的东西。期待意外比明天先来临。

我那时一定有很多心理障碍吧，所以对死亡看得很淡。

在《思想道德修养与法律基础》课上，辅导员让大家树立正确的生死观，我以为是看淡生死，没想到是珍爱生命。

后来我写书，触及了许多或多或少带着心理疾病的人，他们给我留言，说看我的文字，能收获共鸣。

大约我是淋过雨的人，所以想给更多的人撑一把伞。

到处人潮汹涌还会孤独。

怎么在灯火阑珊处竟然会觉得荒芜。

有没有一句话，少年不解其中味，直到千帆过尽，才知晓个中辛酸，听懂已是曲中人？

于我，是"不如意事常八九，可与人言无二三"。所有可以为外人道的苦难，其实都不过尔尔。真正的痛之切，是讲不出来的，需和血吞。

欲哭无泪，欲说还休，最疼。

如今，我可以云淡风轻地说出当时学业受阻的故事，可在我 20 岁时，我日瞒夜瞒，觉得丢脸，咬碎了牙往肚里咽，连和我关系最铁的闺密都不知详情。

那时，我只能等室友都睡了，才偷偷打开小手电，在被窝里写申诉材料。第二天醒来，还要假装无事发生：做出一副"大不了就是毕不了业，我不 care（在乎）"的姿态，输人不输阵，苦苦支撑。

最终，当我手握全球排名前 50 的名校硕士录取通知书，却因未能顺利毕业而无缘读研时；当我拿到自己中学时代的"梦中情校"的推免生资格，却因一些波折而再度错过时，我只能默默垂泪，可与人言无二三。

直到今日，我仍保留着那所 985 高校发来的"恭喜你获得我校推免生资格"的邮件，也保留着那所港校寄到我家的offer（录用通知），尽管它的纸张已经泛黄。

我舍不得丢掉那本已经作废的、纸质版的《港澳通行证》，因为上面贴着"学生签证，2016 年 9 月—2017 年 9 月，可多次往来香港"的字样。

这一生，我都不会再回到这两个地方：北京市新街口外大街 19 号、香港特别行政区沙田区大学道。它们在我的梦里、在我的记忆里，却不曾真正出现在我的人生轨迹里。

都说年轻人，少不更事，只会无病呻吟，为赋新词强说愁。

可是，当命运扑面砸来一场劫难时，并不会事先判断，这个人是否年轻，是否有足够的心力承担。

只有在悲剧面前，人，才生而平等。

03 我心里有一团火，路过的人只看到烟

谁在一边走，一边唱，一边回头张望，那些苦涩始终都要去尝。

怎么长大后，不会大笑，也不会再大哭了，从前轻狂绕过时光。

再深重的屈辱也总会过去，化为来日轻描淡写的笑谈。

哀伤是苦苦，欢愉是坏苦，流变是行苦。后来我学佛，明白了人活于世，本就万象皆苦。终于能与自己和解，与世界冰释前嫌。

人生，却是一条只能向前的单行道。

20 岁，得到了 10 岁想要的芭比，30 岁，遇见了 20 岁时

心动的人，你会不会遗憾"为时晚矣"？

　　成长是一场游戏，勇敢的人先开始，但代价是错过风景，不能回头。

　　如果可以，我有一些话，想对当初那个早早上路的18岁姑娘讲：

　　到终点前，你可能会两手空空，也可能会头破血流，会面对无数难关和痛彻心扉，以为自己这一次真的撑不下去了。

　　可是，只要你"向前走，就这么走，就算被夺走什么""就算会错过什么"，别停下，别回头，你一定能成为那个可以随时随地救自己一把的人。

　　只要跑得够久，所有的暴雨都只是阵雨。

2

首先你要快乐，
其次都是其次

——

审美不应强求一律，

我虽放弃减肥，

却没有放弃成长。

减肥成功不能代表什么，

最重要的是你的心态，

是你要真正懂得爱自己、欣赏自己、接纳自己。

01 管好自己，树立边界，开心就好

飞抵新西兰皇后镇前，我对这座城市的全部认知，停留在美图秀秀里有一款滤镜，名为"皇后镇"。

带着满心好奇，我在新西兰旅居一个月，渐渐融入这里。

这里的生活法则大约是：慢，静，管好自己。

我在当地换了几户民宿，房东都是本地人，也有父母辈从澳大利亚移民到此的，他们都很热情，乐意同我谈天。通过交谈和观察，我发现，新西兰人的生活节奏真的很慢。

新西兰拥有许多风景如画的高山湖泊。

湖水碧蓝，倒映着晴空、云朵、雪山和森林，微风习习，脚边有成群结队低头吃草的小鸭，远处是奶片一样洒落山谷的羊群。

坐在湖边发呆，静静地坐一下午，是很多新西兰人度过周末的休闲方式。

这是一个羊比人多的国家。

开车在山林间穿行，车一转弯，撞见铺天盖地的羊群，但它们胆子极小，游人下车拍照，"小肥羊们"就谨慎地绕道而行。

有时，单是摇下车窗，靠近马路的羊们就会停止吃草，与你四目相对，一旦有风吹草动，立刻拔腿就跑。

听房东说，新西兰人平均工作时间较短，每天仅 6 小时左右，注重工作与生活的平衡，几乎没有加班文化；下班后，大多陪伴家人和朋友，做晚餐、带娃，享受个人生活，较少社交，夜生活远不如北上广那样丰富；每年有 30 多天假期，去旅行、度假、徒步、滑雪等，不会把假期用来加班；生活态度随性，不追求物质享受和品牌消费，日常装扮简单舒适，不过分追求时尚与精致。

有趣的是，我遇见的几位房东太太，无一不是微胖女性，家里甚至找不到体重秤，她们只关心饭菜是否健康，而不关心会不会发胖。

我大三时，因学雅思认识了一个单亲妈妈，她在通过雅思考试后，带着女儿移民新西兰了，我当时问她，为什么想去新西兰。

她说："因为我女儿很胖，从幼儿园起就被同学起很难听的外号，直到我们去新西兰旅行，发现在那里根本没人关心你的高矮胖瘦，只要你健康、强壮、有活力就会受到欢迎，所以我一定要带女儿去新西兰生活，我不想让她在长大后，成为一个自卑的、在单亲家庭长大的胖女孩。"

那时我想，这个小女孩有这样的妈妈，是多么幸运的一件事。

多年以后，我来到新西兰，认同了那个单亲妈妈当年说的话。在这里，你不必也不该对他人的形象和生活置喙，那是一种冒犯。

每个人管好自己，树立边界，开心就好。

02 世界不会薄待有毅力的年轻人

对于减肥，我深有体会，曾经也是资深"减肥成瘾者"。

2003 年"非典"长假，我在家闭门养膘，体重飙升，开学后，不得不面对小伙伴扑面而来的恶意与嘲讽。自那时起，减肥就成了我生命中的重要主题。

起初是被动减肥，爸妈觉得我实在太胖了，要求我晨跑。那时还没跑步机，我必须绕着我家楼下的一条河跑，一圈2000 米。如果跑得慢，上学还会迟到，我只能睡眼惺忪地撒丫子狂奔。

对不喜欢跑步的人而言，长跑简直生不如死。

那时我每天根本不想醒来，不想看到早晨初升的太阳，但爸妈从来没有一天放过我，他们认为，我必须在很小的时候锻炼毅力，学会坚持。

十几年后，我坐在大学自习室里，看孟晚舟的演讲视频，她讲先生每天逼着儿子游泳，一天都不能间断，最终把儿子培养成了游泳健将。

她说，**无论时代怎样发展，人工智能如何进步，这个世界都不会薄待一个有毅力的年轻人。**

听闻此语，恍惚间，我以为是我妈在台上演讲。

在"毅力教育"下，我每天苦不堪言地跑步，因为实在痛恨，终于改成了跳绳，又坚持了多年，直到 18 岁离开家。

大二那年，我从级长的差事上卸了任，也不再参加辩论赛，人很闲散，一不留神又发了福，于是主动踏上了减肥这条"血路"。

健身房、足球场、图书馆，是我大学时期 3 个稳定的"据点"。没课时，在几站地外的健身房汗流浃背，耗一上午；有课时，放学就去足球场锻炼，400 米跑道，疾走十二三圈，约莫 5000 米。

多年不吃晚饭，午餐隔三岔五食素，与零食、垃圾食品绝缘。

此时的意志力，纯属个人想要变美的发心，不再是家长的逼迫。

03 身材达到人生巅峰，心态却崩了

功夫不负有心人。

21 岁，身材终于达到人生巅峰，身高 167，体重两位数，任意一家服饰店，模特身上的衣裤，没有我穿不上的了。

我的心态却崩了。

汪曾祺老先生说，唯美食与爱不可辜负。我用将近 10 年，辜负了其中之一。

减肥虽见效慢，但失效快，三年五载掉的肉，三五顿就能吃回来。

而"减肥瘦"和"天然瘦"看似无差别，其本质截然不同。

宿舍 4 人聚餐，两个"天然瘦"的姑娘大吃大喝，我们另外两个"减肥瘦"的姐妹，只能一口青菜，两口白水。

命运不公啊!

那种感觉就像，**她们是天生富贵命的公主，我俩却是暴发户，时刻心惊胆战，怕一不小心，这笔横财就不翼而飞了。**

减肥是一条血路，更是一条不归路，像被上了发条，一刻都不能停。

稍稍懈怠，前功尽弃。

未经世事的我在 QQ 空间写下减肥感言："苟且的婚姻也不过如此了吧，继续死磕，痛苦；放弃，又舍不得多年的付出。"

多年后再回首，冥冥中竟一语成谶。

但那时，每天只知同体重秤较劲，多一斤就自责、焦虑、抓狂、寝食难安。

吃不饱饭的饥饿感、空虚感，和吃到美食后的罪恶感，轮番打架，日复一日地折磨人。

突然有一天，我"顿悟"了，昭告身边的所有伙伴：我要放弃减肥。

人活一世，日有小暖，岁有小安，快乐就好，何必苦求尽善尽美？

04 祝你铮铮，祝你昂扬

地球上有80亿人，有人黑发黑眸，有人金发碧眼，有人娇小玲珑，有人玉树临风，人人生而不同，为何在胖瘦一事上，竟众口一词：瘦就是美，胖就是丑？

一个健康的社会，胖瘦应该只是个人选择，而在包容的文化语境里，美丑标准应该是多元的——有人喜欢骨感，有人偏爱丰满，这才是人之常情。

看美剧《我们这一天》，女主角是个体重严重超标的胖女孩，但她依然拥有美好的爱情，依然是被父亲捧在手心的宝贝。但在我们的影视作品里，胖女孩若要情场得意，必是通过减肥逆袭。

前几年有位自媒体人，据传曾减肥30斤，翻阅其公众号目录："从120斤到90斤，我的人生颠覆了""胖是一种罪恶""你不丑，你只是肥"……字字犀利，用词狠毒，对"胖子"横加指责，我想，她应该很讨厌胖时的自己吧。

其实，据我自身的体验及观察，我发现，若说从120斤降到90斤，人生真能有什么颠覆，恐怕是：自带莫名的优越感——减肥，我可以，那么你也行；你不行，是你不努力；不努力，就该被嘲笑。

可是，不追求瘦成一道闪电，不选择"辛苦＋心苦"的生活，就该被轻视吗？

减肥成功，已渐渐被视为某种高贵的勋章，是有毅力、有决心、有梦想者的高地，尤其随着电影《热辣滚烫》的热映，某些借势蹭热度的网络红人，甚至狠狠批判那些减肥失败，或是放任自己发福的人：胖，就是懒惰、平庸、蹉跎。

果真如此吗？胖人就没有毅力、恒心和梦想吗？

又或许，他们只是不愿将时间和精力，倾注在别人认为正确、值得、美好的事情上？因为人本就没必要在他人的眼光和价值轨道里前行。

在新西兰，我见到很多胖胖的女生，她们是那样自信，穿露脐装、迷你裙，没人对她们的赘肉横加指点，而她们对自己身体坚定的喜爱，又使她们格外迷人。

审美不应强求一律，我虽放弃了减肥，却没有放弃成长。

减肥成功不能代表什么，最重要的是你的心态，是你要真正懂得爱自己、欣赏自己、接纳自己。

我认识许多减肥成功的人，他们过得并不快乐，精打细算每餐饭的热量，饥饿时狂躁，饱腹时更狂躁，耗费大量的时间、金钱、心思，围攻脂肪。

纵然镜中的自己略微变美了，当真足以抵消你为此感到的不开心吗？

在生理和心理的饥饿感中不快乐地度日，其实是另一种形式的蹉跎与平庸。

当一个社会中的大多数女人以身高、体重、外形来评定自我与其他女性，以致少数人盲目优越，多数人被动自卑，大约是病态的。

我从新西兰人身上学到的，是"首先你要快乐，其次都是其次"。

祝你铮铮，祝你昂扬，愿你永远敢于与众不同，不喧哗，自有声。

3

做 100 件
能在心里放烟花的小事

———

墨西哥人教会我，

生活不是等待暴风雨过去，

而是学会在雨中翩然起舞。

快乐不是遥不可及的梦想，

而是此时此刻，

用心感受每一件小事带来的喜悦。

墨西哥

在加勒比海的浪尖上，墨西哥人把生活酿成了龙舌兰酒——辛辣、浓烈，又在喉头绽出甜美的星火。

我偏爱这热辣滚烫的国度，在这里，你要做一个尽情快乐的"墨西哥人"，只要你想，你可以做 100 件能在心里放烟花的小事。

在墨西哥坎昆的星空下，我摊开手掌，接住那些怦然心动的瞬间——是洞潜时惊起的洞穴蝙蝠群，是跳水时跃入"圣井"飞溅的水花，是在街头吃到爆辣牛眼肉塔克时舌尖的舞蹈，是在艺术宫里听到的浑厚曲折的咏叹调。

所有细碎的幸福，都是我更爱这个世界的缘由。

01 大地之眼：与神明对话

在墨西哥坎昆的密林深处，天坑如同大地的眼睛，凝视苍穹。

石灰岩喀斯特地貌被雨水侵蚀，形成巨大的塌陷，被古老的玛雅人称为"圣井"，认为这是通往冥界的入口。

站在直径 60 米的天坑边缘，苍翠藤蔓自洞口垂落，在金色阳光的映照下，像凝固的绿色瀑布。

深入天坑内部，向下走 30 米，抵达水边，水里盛着穿红色救生衣游泳的人。

在大地之眼游水，人类，只是浮游在神明眼里的尘埃。

水深 40 米，水边是 5 米高的天然石级，当地人把石阶当成跳台。攀上跳台俯瞰，石壁上旁逸斜出地生着小树，尽管石级只有 5 米，亲临其境，却像站在山崖上。

望着一池碧水，我心跳如鼓，似是与这神秘的自然产生了共鸣。

千百年前，玛雅祭司在这里举行祭祀，将珍宝和活人投入水中，祈求雨神眷顾。

祭祀的鼓点穿越时空，那些被投入圣井中祭天的翡翠与少女，是否见过神话中水底游弋的彩虹蛇？

深吸一口气，我张开双臂，跳下"崖"去。

风在耳侧呼啸，失重感让心脏不安地跳动，只觉自由落体很久，我紧闭双眼，惊惧，窒息，只想尽快入水，而触到水面的瞬间，才感到安全。

"哗啦"一声，清凉的池水将我吞没。

憋着一口气，下沉，再下沉，等待救生衣将我轻轻托举。睁开眼，高度近视的裸眼只看到点点阳光倾洒水面，仿若重生。

这一刻，我理解了玛雅人为何将此处视为圣地——坠落的过程像一场真切的濒死体验，在生与死的边缘，人才最靠近神。**唯有在坠落中悬停的灵魂，才能接住神谕的碎片。**

玛雅人认为，天坑连接天地，**每一个勇敢的旅人都在天地**

间，完成了一次神圣的穿越与自我的朝圣。

水珠从发梢滴落，我游回水边。阳光重新拥抱我的身体，真实、温暖。

在梦里，我无数次忆起在墨西哥 Cenote Ik Kil（伊克基尔天坑）飞身跃下、水花绽开的刹那。

天坑跳水，是我在日记本上，画下的第一朵烟花。

02 金字塔：叩问永恒

金字塔不是埃及独有，在墨西哥，有玛雅人建的奇琴伊察金字塔。

与埃及的尖顶金字塔不同，墨西哥金字塔的顶部是方形的祭坛，四面各有 91 级台阶，加上顶层平台，正好对应一年 365 天。

埃及金字塔是将半人高的巨石切割堆砌，彼此镶嵌的，十分平整；墨西哥金字塔则更像由不规则的火山石和土坯一点点堆高而成的。前者从内部攀登，台阶宽阔，彰显法老至高无上的权威；后者则从外部登顶，石级陡峭狭窄，据传是玛雅人刻意为之——祭司说，通往神灵的道路从不平坦。

但为了保护历史遗迹，如今墨西哥金字塔的台阶已经封锁，游客止步，只可远观。

在埃及，金字塔的四角精准指向东南西北，象征法老与太阳神的联系。而在墨西哥，玛雅人将天文历法融入这座建筑，每当春分、秋分时，阳光在金字塔北侧投下蛇形阴影，宛如羽蛇神降临。

有人说，埃及人用石头封印死亡，玛雅人却把星辰嵌进建筑。

与埃及金字塔内部复杂的墓室结构不同，墨西哥金字塔更像一个巨大的天文仪器，玛雅祭司在这里观测星象、计算时间，将人类的智慧刻于石上。

时值墨西哥盛夏，正午的金字塔被烤得炙热，当地小孩三五成群地踢着皮球，硕大的仙人掌足有一人多高，令人感叹造物的神奇。而在埃及金字塔前，源源不断的商贩邀请你骑骆驼，游客们步履匆匆，忙着拍照。

古埃及与玛雅，两种文明，两种气质。一个崇尚权威，一个顺应自然；一个追求不朽，一个敬畏时间；一个向往来世，一个活在当下。

无论是何种文明，这些穿越历史长河的伟大建筑，皆是人类对未知的探索、对永恒的追寻，只是方式不同，有人指向本心，有人叩问苍穹。

可是，所谓永恒，不过是把每个当下，都过得漂漂亮亮。

03 水上花园：永不终场的嘉年华

清晨的霍奇米尔科运河笼罩在薄雾中，我登上一条彩绘的木船，船夫撑起长篙，轻轻一点，船便滑入了这片"水上花园"。

水上花园中没有花，只是河里的浮船五颜六色，看起来很像一座流动的花园。

两岸柳树低垂，枝条轻抚水面，船行过，惊起几只水鸟。

航行渐远，看到两岸当地人种植的蔬菜园。船夫说，这些漂浮的园地是阿兹特克人留下的智慧，他们用芦苇编织成筏，铺上泥土，就能在水上种植作物。

后来，我去到南美洲，寻访的的喀喀湖上的漂浮岛，那里的人们不仅在水上种植作物，干脆就生活在芦苇编织的小岛上。

日头渐渐升高，运河也热闹起来。

五彩斑斓的船只从四面八方汇聚，每一艘船都装饰着鲜花和彩带，船夫们唱着悠扬的墨西哥民谣，歌声浑厚且富有感染力。

一艘载满乐手的船从旁经过，吉他、小提琴、手风琴声交织，船上的舞者随节奏摇摆，裙摆翻飞如蝴蝶。其他船上的乘客也受到感染，纷纷起身跳起舞来，运河成了欢乐的海洋。

卖花的小船穿梭其间，船上的老妇人将新鲜的花环抛向游客；卖小吃的船上飘来塔克、玉米和烤肉的香气；往来的游人萍水相逢，却都热情地打着招呼；玛利亚奇乐队的小号声撞碎薄雾，卖花船与塔克船在波光里跳起华尔兹，穿婚纱的新娘将龙舌兰酒泼向天空，连飞过的白鹭都染了醉意。

这就是墨西哥，奔放、热烈、快乐得随时随地都可以跳起舞来！

当教堂钟声与吉他声在暮色中相拥时，我忽然看清了墨西哥的魔法——在音乐与鲜花中，在欢笑与舞蹈里，生活本身就是一场不会落幕的庆典。

墨西哥人把生活过成永不终场的嘉年华，连苦难都能踩出探戈的鼓点。

04 苦难者的自渡

傍晚的西卡莱特公园笼罩在金色的余晖中，我随着人流，走向那座依山而建的露天剧场。

阶梯式的观众席环绕着巨大的舞台，身后丛林茂密，仿佛整个玛雅文明在这片自然中苏醒了。

夜幕降临，鼓声响起，数百名演员身着彩衣，从四面八方拥入舞台。他们手持火把，演绎玛雅人的球戏仪式。皮球撞击地面的声音伴着鼓点，舞者的动作刚劲有力，重现了这项古老运动的惊险与神圣。

第二幕，展现了西班牙殖民者的到来。

舞台瞬间变换，欧洲帆船的投影出现在"海面"上，玛雅祭司与西班牙征服者对峙，最终败在西方殖民者的坚船利炮之下。

但是，尽管被殖民，墨西哥人却开放地接纳了欧洲文化。

殖民者带来了西班牙语、天主教、法律制度和建筑风格，这些元素深深融入了墨西哥的社会结构。同时，墨西哥原住民的开放、包容，又使本土的阿兹特克文明和玛雅文明保留了下来，与西班牙文化融合，形成了独特的"混血文化"。

这种接纳是一种生存策略，却也是他们适应新秩序的方式，墨西哥人既承认殖民带来的创伤，也接受文化融合的现实。

现代的狂欢节与久远的祭祀仪式共存，玛雅金字塔、殖民教堂、现代都市的影像重叠，原住民的长笛、西班牙的吉他、现代的电子乐，创造出别致的混响。

他们诚实地面对历史，在本该沉重的表演中，用欢乐消解了苦难，用慈悲与包容，自渡苦海。

最令人震撼的，当数亡灵节的场景。

舞台变成巨大的祭坛，数百支蜡烛同时点燃，人们戴着骷髅面具起舞，却满心欢喜，生机盎然。

正如影片《寻梦环游记》中展现的墨西哥人独特的生死观：**死亡不是终点，而是与逝者重逢的庆典。**

走出剧场，远处的加勒比海涛声阵阵，这个坎昆的奇妙夜晚，这场穿越时空的文化之旅，让我看见了墨西哥的灵魂——它古老而年轻，悲伤而欢乐。即便是骷髅，脸颊也要涂上腮红，把日子漂亮地过。

墨西哥人教会我，生活不是等待暴风雨过去，而是学会在雨中翩然起舞。

回望这片蔚蓝的海岸，我终于明白，**快乐不是遥不可及的梦想，而是此时此刻，用心感受每一件小事带来的喜悦。**而这些欢喜的小事，就像 100 朵烟花，永远盛放在我的记忆里。

它们时刻提醒我：爱生活、爱自己，永远活得像墨西哥人一样快乐。

归程的行李里，那件浸满海水与龙舌兰的衬衫，正悄悄长出新的烟花……

4

我从未如此
眷恋人间

———

生命的惊艳，
向来不在奇观，
而在凝视奇观时发亮的眼眸。

摩洛哥

01 红城马拉喀什

天还未亮，便被宣礼塔的唤拜声唤醒。

推开雕花木窗，晨雾中的马拉喀什像一幅未干的水彩画，远处，阿特拉斯山脉若隐若现，眼前的清真寺泛着玫瑰色的光。

这座摩洛哥南部古城——马拉喀什，素有"红色之城"的美誉，因城墙和建筑大多采用赭红色石材，像一朵永不凋零的玫瑰，绽放在撒哈拉沙漠边缘。

若你去过新疆喀什，会感到似曾相识。

热闹的老市场有上千户店铺，在这里可以买到一切。数百条街巷，一不小心就会迷路，空气中飘散着香料、薄荷茶、塔吉锅的混合香气，千百年前，它们有一个遥远的称呼——
西域。

巷子两旁的土红色房屋鳞次栉比，商店琳琅满目，斑驳的墙壁爬满了九重葛。转角处，一位全身包裹得严严实实的阿拉伯老妇人正在制作铜灯，铁锤有节奏地敲击铜片，似一首古老的歌谣。

这里的女性无论老少，都包着头巾。有些年轻女性的穿着与我们相似：T恤、牛仔裤、运动鞋，只是用一块方巾裹着头发，方巾颜色各异，浅粉、银白、鹅黄、黛绿，更像是一种配饰。

另一些女性的装扮则更为传统，从头到脚一袭黑袍，戴黑色头巾、黑色口罩，没有束胸、束腰，全身无一块肌肤裸露在外，只留下两只眼睛，甚至两眼中间的鼻梁处都有遮挡。

她们走在街上，竟也会遇见同性熟人，热情地拥抱贴面，我颇感惊奇，一个人能只通过双眼，就认出对方。

这里的男性装束与我们无异，而在沙特，大多数男子是一袭白袍，以红白色方巾包头的，在摩洛哥，我很少见到这样打扮的男子。

街上少见男女相伴而行，多数是男性结伴、女性结伴，即便是夫妇、情侣，也少有挽手搭肩等亲昵举动。我刚从欧洲过来，感受到别样的异域风情。

男人们坐在街角的咖啡厅里，所有椅子一律向外，便于"欣赏风景"。路过每间餐厅，都有许多双黑漆漆的眼睛，盯着路过的女性。有人戏称，在摩洛哥见识到了真正的"男凝"，难怪女人们要包裹全身。

不眠广场是马拉喀什的心脏，白天是集市，夜晚是露天剧场。

傍晚时分，广场热闹非凡，商贩们盘腿而坐，兴奋地讲述着古老的传说；耍蛇人吹奏着悠扬的笛声，眼镜蛇随着节奏轻轻摇摆；香料摊位上，肉桂、孜然、姜黄散发着醉人的香气。

在广场中央买一杯鲜榨橙汁，是游客标配，看橘红色夕阳中倦鸟归巢。

傍晚，我寻到一家有当地特色的"rooftop（屋顶）露台餐吧"，露天的屋顶铺满摩洛哥风情的地毯，可以看到马拉喀什全景。侍者端来特色美食"塔吉锅（tajine）"，慢炖的羊肉或鸡肉，配以梅干和杏仁，口感鲜美，揭开锥形陶盖的瞬间，鲜肉的香气与藏红花的芬芳扑面而来。

再配一壶摩洛哥"国饮"薄荷茶——一柄银色雕花的长嘴茶壶，打开壶盖，能看到一棵撑满茶壶的"小树"，味道清甜，解腻提神。

后来，我在摩洛哥的每一天都会点上一壶，每壶薄荷茶里都有一片森林。

02 蓝城舍夫沙万

摩洛哥北部的里夫山脉深处，藏着一座被时光遗忘的蓝色小镇：舍夫沙万，在阿拉伯语中意为"瞭望群峰"。

舍夫沙万坐落在海拔约 564 米的山腰上，俯瞰蜿蜒的山谷和远处的地中海。1471 年，这里建起了抵御葡萄牙人入侵的堡垒，变成一座神秘的山城。

有人说，小镇是蓝色的是因为蓝色能驱赶蚊虫，也有人说是为了纪念地中海的颜色，还有人认为，这是犹太人流亡时留下的传统。无论起源为何，这座小镇的每一寸墙壁、每一级台阶、每一扇门扉、每一条街道都被涂成了深深浅浅的蓝色，仿佛一个将醒未醒的梦。

正午，我在街角吃一家库斯库斯（couscous），鸡肉配着大块胡萝卜、土豆等蔬菜，炖得软烂，勺子轻轻一捻就碎了，下面铺着小米，菜香、肉香、米香，一口下去，滋味十分丰富。

如果你喜欢猫，一定要来舍夫沙万。

这里的人们认为，猫是洁净之物，是人类的好伙伴。他们从不捕杀流浪猫，因此猫咪数量众多，地位尊贵，常以家庭为单位出现。

但切记，这里的许多猫没有打过疫苗，也没有绝育，不要抚摸它们，以防被抓伤。

寻找无人的街道拍照时，总会撞见几只猫。相比于我们本土的猫咪，摩洛哥猫咪的长相也很有特色，鼻梁很长，人中也很长。不知"人中"在猫的脸上，是不是应该叫"猫中"？

孩童嬉戏打闹，老人在长椅上闲聊，猫群追逐遛弯，这座悠闲的蓝色小镇，是镶嵌于群山上的蓝宝石，是遗落于沧海的珊瑚礁，是在世界的这个角落里，真实发生着的童话。

03 白城卡萨布兰卡

卡萨布兰卡，在西班牙语中意为"白房子"，坐落在摩洛哥西海岸，面朝浩瀚的大西洋，背靠阿特拉斯山脉。

公元 12 世纪，柏柏尔人在这里建城，如今的卡萨布兰卡，是摩洛哥的经济中心，也是电影《北非谍影》中浪漫传奇的发生地。

哈桑二世清真寺，是世界第三大清真寺，也是最大的海上清真寺，有三分之一建在海上，像一艘即将起航的巨轮。

宣礼塔高达 200 米，直指苍穹，夜晚，塔顶的激光束可以照射到 30 千米外的麦加。

清真寺定时开放，每天有不同的场次，还有免费的英文讲解，只是建筑学、神学的单词太过专业、冷僻，我听得一头雾水，不得已打开了百度百科。

脱下鞋子，走进祈祷大厅，25000 个祈祷位铺展开来，屋顶还可以电动开启，加上广场，整个清真寺最多能容纳 10 万人在此祷告。

地下室是众人的盥洗室，信众每日要清洁面部、身体多次，称为"大小净"，凡捧摸经书，皆要先完成大小净。

每日需祷告 5 次，我住在卡萨布兰卡时，总能听到唤拜声、唱声响起，或在清真寺，或在家中，有些餐厅中也设有祷告室，信众就地而拜，十分虔诚。

　　喜爱《北非谍影》的旅人，一定会去电影的取景地，里克咖啡馆。

　　虽然据专业人士透露，这部电影是在好莱坞的摄影棚中拍摄的，但不妨碍人们在这里寻找回忆。

　　咖啡馆完美复刻了电影中的场景：老式钢琴、旋转楼梯、复古吊扇，点一杯咖啡，耳边响起"As Time Goes By"(《任时光流逝》)的旋律，墙上是亨弗莱·鲍嘉和英格丽·褒曼的剧照，时光被定格在 1942 年，让人感受"这世上有那么多酒吧，她却偏偏走进了我这一间"的宿命感。

　　这座白色之城，是大西洋岸边的一颗珍珠，是摩洛哥的经济中心，也是一个文化交融的熔炉——柏柏尔人的传统、阿拉伯的智慧、欧洲的风情，皆融会其中。虽在非洲，却似在欧洲，像一个永恒的迷梦。

04 彩城菲斯

当第一缕晨光洒在菲斯老城的城墙上，这座摩洛哥最古老的皇城便从沉睡中苏醒。

菲斯，建于公元 8 世纪，曾是摩洛哥的文化与宗教中心，至今仍是伊斯兰世界的灵魂。它的名字源自阿拉伯语，意为"斧头"，象征开拓与坚韧。菲斯不仅是摩洛哥四大皇城之一，更是世界上最大的无车古城，被联合国教科文组织列为世界文化遗产。

从布日卢蓝门进入菲斯老城，穿过蓝门，仿佛掉进一个时光隧道，坠入了"一千零一夜"的世界。

菲斯以皮革制品闻名于世，皮革染坊是这座古城的魂。

爬上染坊旁的露台，眼前的景象令人震撼：数百个石制染缸排列成整齐的方格，染工们赤脚在染缸中忙碌，将皮革浸泡在天然的染料中。染料五彩斑斓，从深红到金黄，从靛蓝到墨绿，像一块巨大的调色板。

千万记得要戴口罩，这些染缸里有腐坏的动物尸体和粪便，那些美不胜收的照片拍不出现场的恶臭逼人。

除却是皮革之都，菲斯还是伊斯兰世界的学术中心。

卡拉维因大学，被吉尼斯世界纪录认定为"世界上最古老的大学"，但它不对非信众开放，游客只能在外观赏这绿色尖顶的建筑群。

临行前又逛了逛菲斯的市场，摊主们用流利的法语、阿拉伯语和英语热情地招揽生意，我买了一条披肩，颜色从淡黄渐变到杏黄，再到赭色，像把摩洛哥的沙漠和落日披在了身上。

夜幕降临，老城的灯火次第亮起。

漫步在狭长的小巷中，店铺里摆满大大小小的铜灯，仿佛置身《一千零一夜》的世界，不知是否有阿拉丁的神灯，来帮我实现心愿。

摩洛哥的夜，属于星辰与故事，听着远处传来的阿拉伯音乐，望着满天繁星，千年的时光就在眼前。

生命的惊艳，向来不在奇观，而在凝视奇观时发亮的眼眸。

穿越红城、蓝城、白城、彩城，我从未如此眷恋人间。

"去那么远，没问题吗？"

"没问题。道路笔直笔直畅通无阻，太阳又没下山，油箱满满的。"

——村上春树

Part 2
油箱满满的逃亡者

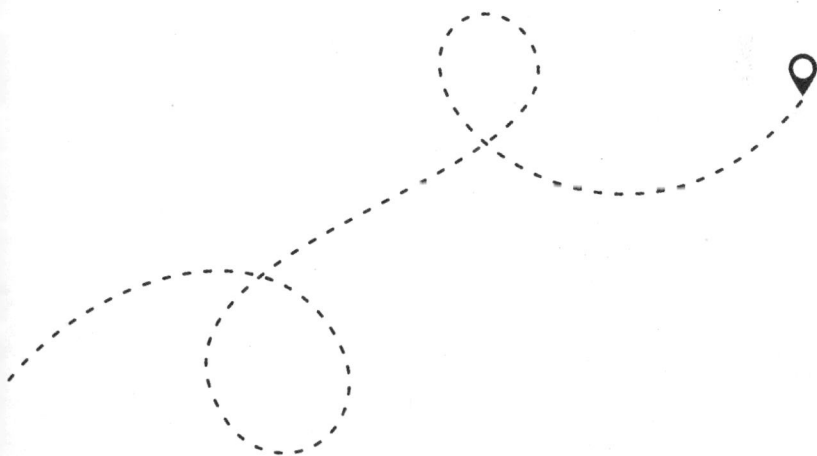

1

人生难能多如意，
万事只求半称心

———

这个世界上总有一些人，
不是因为你优秀又漂亮，
才给你糖吃的。
而是明知你不乖又邋遢，
仍会紧紧地抱住你。

新疆喀纳斯

因为一部《我的阿勒泰》，新疆阿勒泰一跃成为年轻人的热门旅行地，我对阿勒泰的记忆，停留在大四那年。

因高考完在玉龙雪山脚下住了大半个月，我对雪山兴致缺缺，倒是对群山深处的喀纳斯湖情有独钟，可能是以前爱看《走近科学》，"喀纳斯湖水怪"是印象尤深的一期。

在我眼里，喀纳斯湖是阿勒泰的灵魂。

群山环抱之中，一泓碧水蜿蜒如带，四围雪山巍峨，密林苍翠，晨光熹微时，湖面轻纱漫卷，恍若瑶池，雪峰晶莹，倒映湖中，山水相映，煞是好看。若是深秋时节来喀纳斯，便可看到层林尽染，霜叶流丹，树树深红出浅黄。

哈纳斯村是蒙古族图瓦人的聚居地，走进一间间原木搭建的小木屋，炊烟袅袅，仿佛回到了古老的时光。

住在当地人的民居内，欣赏图瓦人的歌舞，品尝当地的美食——奶酒、手抓饭、烤全羊、甜到心坎里的瓜果……日子变得简单宁静，这里仿佛世外桃源，而无车马喧。

在《阿勒泰的角落》里，"一事无成"的女主角慵懒地躺在草地上，说："**世界就在手边，躺倒就是睡眠，嘴里吃的是食物，身上裹的是衣服。在这里，我不知道还能有什么遗憾。**"

01 "我的内心，到底在对抗什么？"

最近，有个朋友跟我说，疫情过后的两年，自己仿佛突然失去了动力，内心的火忽然熄灭了，不再斗志昂扬，再无热情洋溢。

他如今年过不惑，早在 20 多岁时就是业内大拿，我入行时就听说过他，是资深、优秀、勤奋的前辈。后来，他跳出舒适区，自己创业，应是赚到些钱，疫情时行情不好，他又回到行业头部大企业，接着带团队，仍有令人注目的成果。

他学识渊博，钻研儒释道，从当老板到当牛马，他看得开，放得下身段，不失为豁达洒脱、有大智慧之人。

我总以为他内驱力极强，在可以"躺赢"时选择折腾，人到中年仍未停止奋斗。

没想到，竟是他失去了人生的激情与动力。

交谈渐深，我得知，他在 35 岁前就挣够了可以退休的钱，却放手一搏，毅然创业，最初颇有盈余，不料市场急转直下，一夕之间赔得分文不剩，还欠了许多外债。

"老罗不也欠了几个亿，成功人士跌宕起伏的人生总归是这样。"我宽慰他。

"我和老罗的区别，不是欠钱多寡，而是他的内心能量满满，我的内心却已经空了。我从前不怕，留得青山在，永远能翻盘，我信自己一定能东山再起。可现在大不同了。虽然在外人看来，我每天依然是高高兴兴地上班、谈客户，但我深知，我的内在已经失去了力气，根本不想工作、不想努力，甚至不想睁开眼睛面对新的一天。"他的语气淡淡的，但这三言两语，却实在沉重。

他看起来与从前别无二致，我竟不知，他债台高筑，了无生气。

他问我："我的原生家庭没问题，父母很疼我，老一辈也善待我；在学校没受过校园霸凌，一直是优等生，也有不少好哥们儿；从业以来一切顺利，年纪轻轻就做出了成绩，现在也还有作品可以傍身……这样顺遂的人生，我的内心，到底在对抗什么？"

我试探地答："或许是在对抗'成为好人'的信条？"

他恍然大悟，惊叹不已。

我说，不过是久病成医。

末了，我提议："要不你请年假，去趟阿勒泰吧。张凤侠不是说了吗——**你看看这个草原上的树啊、草啊，有人吃有人用，便叫有用，要是没有人用，它就这么待在草原上，也很好嘛。**"

02 做就对了，完成比完美重要

很多时候，我们看到的问题，其实本身已是一种解法。

如果只关注表面的问题，就无法真正解决。

比如拖延症。

你以为拖延症是亟待解决的问题，但其实拖延，本就是你应对人生的解法，背后可能是极端追求完美的心态，害怕无法做到，才一直拖着不做。那么此时，你需要调整的，是近乎病态的完美主义心态，放低对自己的期待。

如果你可以打心眼里允许给自己打 70 分，不必拿满分，那你自然会去做。

毕竟得 70 分，也好过交白卷。

但假如你不放过自己，要求自己必须得 100 分，必然畏首畏尾，害怕开始，也害怕结果。

当你意识到，拖延症背后的恐惧是对自己的求全责备、过分完美主义的心态，并开始调整，你会发现，拖延症会不治而愈，犹如水到渠成。

可如果你看不到深层原因，只聚焦于表面问题，逼迫自己
遇事立即执行，只会精疲力竭，徒劳无功。

我在很长一段时间里都不愿意直播，不喜欢录视频，可
笑的是，我不是因为恐惧镜头，而是因为不会化妆。在我看
来，开直播必得全妆上阵，面容精致，穿搭得体，才配坐在直
播间。

我第一次直播，是一场意外。

某个周五的下午，我去北京的出版社宣传新书，天降暴
雨，我穿着人字拖，举着在风雨中飘摇的小伞，蹚着过膝的积
水，终于狼狈不堪地赶到出版社。

出版社官方账号粉丝不多，没开过直播，我进入直播间，
跟读者热情地打招呼，半小时过去，直播间里只有 4 个人——
我，策划编辑，营销编辑。还有一个是我妈，她第一次看直
播，时常闪退，断断续续地在直播间现身。

我想到自己为这场直播，精心准备，数度失眠，冒雨前

来，竟无一个"非亲友团"人士观看，实在不值。于是一咬牙，一狠心，打开了个人账号的摄像头。

我第一次直播，没预热、没化妆、没宣传，衣服上还散落着雨点和泥点，不料直播间竟涌入 1000 多人，评论区很热闹，最多的留言是："梦霁终于开直播了，我们等了好久！"

无人批评我形象不佳。

于是我明白，对直播而言，每个人的风格不同，不必强求自己在不擅长的事情上做到满分，能勇敢地迈出第一步，已然值得欣喜。

虽然我不懂化妆、穿搭，但我有对生活的思考、服务读者的心态、坦诚分享的真挚，它们流淌在我的作品里，也撑起了我的直播间。

有时，我们给自己提出过分苛刻的要求，结果发现，旁人根本不在意。

所以，做就对了，完成远比完美重要。

我很喜欢的一句话是：**人生小满胜万全。**

人生在世，未必需要事事追求十全十美的圆满，有时只要"小满"，从容安稳，心有所期，略有盈余，已是最好的状态。

03 拖延症背后，是苛求自己的人生信条

说回这个内心火焰熄灭、人生失去动力的朋友，他的丧，与我的拖延症相似，只是表象，背后是他对"成为一个好儿子、好丈夫、好老板、好员工、好哥们儿"的强烈渴望。

但他不是万能的，不是永动机，人总会时运不济，也会疲惫不堪，只是他不允许自己停下，不接受自己"不是完美的好人"，于是内心一点一点坍塌，激情退去，动力瓦解，再也支棱不起来。

他想解决的是"失去内在动力"的问题，但这已是他的潜意识里为现阶段人生提出的解法了。

没有无缘无故的摆烂，也没人能处理"摆烂"本身，回归本质，叩问自己的那颗心，到底想要什么。

有人因为不断付出，却不被对方看见、理解、尊重，于是不想再有任何付出，索性摆烂。这时，若要调整，需要改变的应该是对方，要真心肯定他过去的付出，而不是对现在的状态大加斥责。

有人因为严于律己，追求成为完美的子女、恋人、朋友、员工，终致筋疲力尽，于是摆烂。**此时，应当改变苛求自己的人生信条，放轻松，学会求助，接受自己的平凡、普通。**

若能放过自己，与自己和解，对人、对事但求力所能及，不必呕心沥血，自然能从颓败的困境中走出。

有意思的是，在他给我发来求助信息，我还在思考如何回复时，他就撤回了。假如我错过了那条消息，他断不会再度开口。

他小心翼翼地对待生命中的每一个人，生怕失了分寸。

还好我及时看到，无视他的撤回，乐意倾听他的苦闷。

那一刻我明白，他不像我想象中的那样强大和自洽，但我不会因为他的脆弱，就轻视了他。

真正的朋友和应该留在身边的人，能接受你所有的不完美。

这个世界上总有一些人，不是因为你优秀又漂亮，才给你糖吃的。而是明知你不乖又邋遢，仍会紧紧地抱住你。

04 工作狂，是应对焦虑的解法

这位朋友是失去动力，另一位则是太有动力。

同是自由职业者，她在裸辞之后，比上班还忙，身兼短视频博主、公众号主理人、真人秀客串嘉宾，还自学了一门语言、一种乐器，考取了瑜伽教练资格证。

用她的话说："技多不压身，现在拍视频、写公众号、录综艺可以安身立命，几年后风口过去，我还能靠教小语种、乐器、瑜伽为生，这叫短线就业与长线就业相结合。"

我们聚会，她男友也在，对"工作狂"女友颇有微词。

"其实她以前，不是这样全然不顾家的女孩。"我慎重地对他说。

男友很困惑。

"有时你看见的问题，其实是她的解法，当一个人把所有的心力都放在事业上，牺牲个人健康和家庭时间，可能是有一些不安全感吧，你这么聪明，会明白的。"我轻描淡写地说。

男生比女生小几岁，刚恋爱时，他还在读书，一心想去喜欢的单位实习，绝不将就，最后选定了一家体育报社当实习记者，没有酬劳，纯粹用爱发电。

后来毕业了，就业环境不好，很多年轻人找不到理想的工作，但他很坚定，达不到期望绝不上班，很长时间都是女生在养家。

女生待男生很好，也欣赏他的执着和坚定，无怨无悔地为家庭付出。

但我明白她心底的焦虑。

她担心男生一直找不到心仪的工作，经济不能独立，两人的生活难以为继，日后买房买车、结婚生子，哪个不需要巨额的花销？

而她是自由职业者，没有稳定的工作，现下虽风光自由，到底朝不保夕。

如今风起，青云直上，若有一日风停了，她担心登高跌重，无人托举。

她竭尽全力地打拼，身兼数职，不断精进，不是不想休息，是不敢休息。

从前独身时，她喝茶、养花、看展、逛公园，是"闲看庭前花开花落，漫随天外云卷云舒"的文艺女青年，现在却成了"拼命三娘"。

"工作狂"从来不是她面临的问题，是她应对焦虑的解法。

是两人的关系出了问题，失了衡，她才变得只顾事业不顾家。

男生是聪明人，那次聚会后，他很快找到了工作，虽难大富大贵，至少衣食无忧。

女生也渐渐减少了一些工作，在朋友圈里，我看到他们一起做饭、爬山、打乒乓球，两人的脚步变得轻盈。

近年来，人们喜欢清新治愈的影视剧，《去有风的地方》《我的阿勒泰》《小巷人家》，大约是在争名逐利的滚滚红尘里摸爬滚打太过疲惫，于是渴望诗和远方，渴望烟火人间，岁月静好。

净慧长老说：人生不应该老是这么苦苦恼恼，老是这么庸人自扰，应该还有更精彩、更洒脱自在的一面。

过往的一切教会我，人生难能多如意，万事只求半称心。

愿你撷一点阿勒泰人的智慧，关心粮食和蔬菜，喂马劈柴，洒脱自在，繁花似锦觅安宁，淡云流水度此生。

2

爱我，
就是陪我吃饭

———

我们终究会发现，

每一场际遇，

都是一个指示，

引我们走向未知的、命运馈赠的远方。

美国纽约

01 曼哈顿的夜空不需要银河

对纽约最初的印象，是《绯闻女孩》里曼哈顿上东区的纸醉金迷，是《一个购物狂的自白》里鳞次栉比的购物商场，还有《西雅图夜未眠》里浪漫的帝国大厦。

身处纽约，只觉"乱花渐欲迷人眼"。

沿着第五大道漫步，橱窗里的奢侈品琳琅满目，让人想起《蒂凡尼的早餐》里，奥黛丽·赫本在橱窗前的场景，那种对繁华的向往与疏离，在每一个纽约客眼中都能看到。

路过圣帕特里克大教堂，正赶上早祷。哥特式的尖拱下，管风琴的声音在石柱间回荡，仿佛来自中世纪的回响。我坐在长椅上，看西装革履的上班族步履匆匆，皮鞋敲击地面的声音，是这座城市永不停歇的脉搏。

中央公园虽是公园，却堪称"广袤"，时值盛夏，郁郁葱葱，马车载着游客缓缓驶过，马蹄声与爵士乐手的萨克斯风交织，胖胖的松鼠在林间跳跃，追逐游人撒下的面包屑。我躺在草坪上，啃一根香甜的美国玉米，看摩天楼群的剪影在天际若隐若现，仿佛巴比伦空中花园。

人潮汹涌的时代广场，华灯初上，巨幕霓虹次第亮起，像一场永不落幕的烟火表演，又像一条流动的璀璨星河，难怪听人说："曼哈顿的夜空不需要银河。"

这里是一切繁华、喧嚣、炽烈、蒸腾的所在。

夜晚，登上帝国大厦，影片《北京遇上西雅图》里，汤唯说："真要能在帝国大厦楼顶，和你爱的人遇上，哇噻，太美了。"可惜当晚大雾弥漫，升腾起一片云海，我未能得见纽约胜景。

私家车喇叭的鸣响声、警车的鸣笛声、街头艺人的歌声，还有浓得散不开的烟草味，是这座不夜城永不停息的心跳。

02 九条命

对纽约的记忆，还有大学刚毕业时看过的一部电影，名叫《九条命》。

该片的评分和口碑都很平庸，影评人说："适合低龄儿童，以及爱猫人士观看。"

我却有点喜欢这部片子，大约我介于两者之间。

有人说，猫的眼睛里映着星辰，映着皓月，映着小鱼干，映着你的眸子。它把瞳孔缩成一条缝，为的就是留住这些它所爱的东西，它变化出九条命，为的是来多看你一眼。

当一只猫离开人世，一定是把八条命都交给了它所爱的人。这部商业片，就是一个纽约精英与小猫交换身体的故事。

商业精英、霸道总裁汤姆，是个典型的纽约客，视工作如命，惜时如金，常忽视家庭和妻女，理想是在纽约建一座北美最高的建筑，顶部写上自己的名字，让全纽约的人仰望。

女儿想要一只猫作为生日礼物，汤姆忙着加班，匆忙赶去宠物店，随手买了一只名为"毛绒裤先生"的猫，却被宠物店店主施了魔法，把汤姆的灵魂装在了猫的身体里。

他狂喊，却只能发出"喵呜"的声音，想写字，笨拙的猫爪却连笔帽都拽不下来。他绞尽脑汁，用毛线、冰箱贴摆成"我是汤姆"的字样，却被妻子和女儿当成宠物猫的无心之作。

精疲力竭后，"毛绒裤先生"喝了半瓶龙舌兰，醉卧沙发，妻子嫌弃地说："一只不吃猫粮、不住猫窝、嗜酒如命的醉鬼猫。"

"毛绒裤先生"不眠不休地折腾，宠物店店主赶来，对汤姆的妻子说："如果毛绒裤一直这样狂躁，就给它做绝育手术吧。"

"毛绒裤先生"十分惶恐，赶忙收敛傲娇做派，乖乖吃黏糊糊的猫粮，顺从地被女儿抓着搓澡。

店主对"毛绒裤先生"说："只要你做一个合格的父亲和丈夫，弥补这些年对家庭的失职，就能回归原来的身体。"

商海浮沉几十年，一朝赋闲，汤姆终于有了大把的时间，陪伴、观察身边的家人。

这时他才得知，妻子早就打算离婚、卖房，母女俩常被他的前妻无端欺负，而他一无所知；自己瞧不上的大儿子，竟已拥有了掌管整个企业的才干和胆识。

与此同时，汤姆的远见卓识和非凡智商，让他即使变成了猫，也是"宠物中的战斗猫"，独霸天下，在关键时刻，总能化险为夷。

最终，眼看家族企业群龙无首，即将被拍卖，汤姆的大儿子冒险高空跳伞，拯救了公司。

当年轻人走向天台，所有观众都以为，他是因无力保全父亲的公司，心怀愧疚，意欲跳楼自尽。

在儿子跳下去的一瞬间，"毛绒裤先生"毫不犹豫地跟着扑了下去，却没想到，儿子打开了降落伞。"毛绒裤先生"落地时，汤姆的神识重新归位。

苏醒后，汤姆像是变了一个人，关心家人，和蔼可亲，跟女儿跳起了儿时的舞蹈，在温馨欢快的乐曲中，影片结束。

03 爱，是关注

一直相信，爱是关注。

汤姆热爱自己的事业，曾把所有的注意力放在公司上，工作剥夺了他全部的爱与注意力，根本无暇他顾。

成为"毛绒裤先生"后，他把目光收回，放到家庭里，又因不会说话，被迫学会倾听。

关注自身、表达自我是天性，是本能，但只有把专注和倾听指向旁人，才会产生爱。

倾听者需要暂时搁置个人的想法和欲望，努力体会说话者的内心世界和感受，把注意力投射到对方身上，创造出完全接纳的氛围。在这种情境下，彼此才会更加坦诚和开放，而不是有所保留和隐藏。

当亲密关系走入倦怠期，重新关注对方、倾听对方，或许可以挽救一段了无生机的感情；当人际关系陷入危机，进退两难时，放慢脚步，倾听、关注，或可走出僵局。

其实，爱很简单，无非陪我吃饭，听我说话。

喜欢《九条命》，除却介于"低龄儿童"、爱猫人士之间的原因，更因为在光影中，照见了自己。

我虽无男主角汤姆的宏图大业，但对自我长期保持苛求的状态，少有清闲时光。

人不在纽约，却活成了纽约客。

大学里，出国交换，做英语培训老师，当画册平面模特，给心理治疗师做助理，去《读者》杂志社、江苏卫视等"压力山大"的单位实习，都不轻松，忙是常态。

2016 年，从春到秋，被迫停止奔波，尤其是 8 月、9 月、10 月三个月，堪称"混吃等死的 100 天"，那时发生的故事，我记录在其他书里，感兴趣的读者可以翻阅。

我像被囚在"毛绒裤先生"身体里的汤姆，思想依然飞速运转，身体却再无力扑腾，无以对抗压倒性的命运——兵败如山倒，人败如做猫。

被迫赋闲，我从漠河走到西双版纳，从林芝走到台北。

中国，4 个直辖市，5 个自治区，23 个省份，2 个特别行政区，悉数走遍。

最大的改变，是终于不那么着急了，我想好好生活。

浮华无限好，兴致仅几两。

毕生所愿，不过踏万水千山，历遍江湖，然后偏安一隅，择城终老。

大城市留不下，就回小城市，大房子住不起，小猫窝也自有温暖。

北漂时，只想趁年轻，感受"京城米贵，居大不易"，见世面，开眼界，拥有更丰富的阅历，却也仅此而已，再无更高远的志向。

市井之思维不适高远之欲，看过大山大水，终于沉淀出某种气定神闲的静气，不为身旁的喧哗所动摇。

网上有人写，《李梦霁，你是那个理想的我，永远不食人间烟火》，很荣幸，但得道之前，人间烟火还是得食，只是不需那么急迫，或能保持优雅，不致吃相难看。

没人会像汤姆一样被变成猫，但每个人都会被无常的命运所困，陷入低谷。

我们终究会发现，每一场际遇，都是一个指示，引我们走向未知的、命运馈赠的远方。

跑不动时，不如停下来，慢一点，感恩、省视、觉知，修炼心性，使之变得从容柔软，智慧且慈悲。

纽约很好，却不是归途。

离开纽约，我去了美国一个不知名的小镇，在犹他州。

民宿的主人听说我从纽约来，对我说："我曾在纽约工作，我的丈夫在纽约开 Uber（优步），拥有不错的收入，但我们很快就厌倦了那里高速运转的生活。一切都很快，没时间吃饭，没时间走路，没时间聊天，每天都行色匆匆地奔波挣命。几年后，我们就搬来了犹他州，在这里，我们才终于开始生活了。"

3

允许万物穿过我

———

不为不值得的人、事花费心血，
不因世间的污浊和不堪怀疑自己，
把时间浪费在美好的事物上。
趁还有能力做梦，
好好思考"想成为的自己"和"想要过的生活"，
然后一点一点拼凑它。
不怕慢，只怕站。

英国牛津

01 那些年，我没走的那条路

我读高一时，在学校听了一场招生宣讲会，是我们家乡一所专做本科生留学的中介机构给我们讲的。

中介老师描摹了一幅美好的升学图景——中小学阶段，外国教育注重培养学习兴趣，中国教育注重夯实基础知识，所以我们中国学生参加外国高考，具有先天的优势。

尤其对我们这些英语成绩好、数学成绩薄弱、口头表达能力强、擅长面试的偏科生来说，更是极大利好。在国内勉强过985线的选手，若有好运加持，或能闯入"藤校"。

年少的我信以为真，第一个举手报了名，想通过参加国外的高考，弯道超车，改变命运。

　　回到家，我兴高采烈地把消息告诉爸妈，心里已开始勾画英剧、美剧里的校园生活图景了。

　　没想到，话音未落，就被我爸一语驳回。

　　我的幻想天马行空，他的担心实实在在——国外高发的校园枪击案、语言不通带来的文化冲突以至青少年抑郁、单身少女独自出国可能面临的人身财产安全问题……负面新闻层出不穷，这些担忧不无道理。

　　他没说的，还有普通家庭无力承担的高昂的国际学费、生活费。

　　后来，我拼命读书，想去更大的世界看一看。

　　如果我通过高考，顺利入读"梦中情校"了，那么当年没能出国留学的失落感，或可随时间淡去；可我偏偏差了 1 分，连滚带爬地坠落到我曾不屑一顾的学校；而在这个退而求其次的选择里，我又搞砸了一切，灰头土脸地没拿到文凭……

　　在巨大的心理落差之下，人很容易美化自己没走的那

条路。

我一直幻想，假如我去国外读书了呢？

26 岁这一年，我终于攒够了钱，来到牛津大学。

02　没有你应该，只有我喜欢

去牛津前，我被迫"断崖式"结束了一段非常认真的关系，渴望稳定，却求而不得。

困在一个看似光鲜亮丽的工作里，却被领导全年无休地PUA①，毫无快乐可言，每天上班如上坟。

英国时间与国内昼夜颠倒，于是我换了号码，关了朋友圈，鲜少看手机，只是终日和当地的老师、助教、同学厮混，听他们讲自己随心所欲的人生规划，竟生出一种释然和感动。

人生本不必那么严肃。

———————————

① 网络用语，指不考虑对方意愿，干涉和操控别人的行为。

　　大龄出国，身边同学大都是"00后"，有的未满十八岁，被街角的酒吧拒之门外。

　　他们天真、单纯，想法简单不设防，待人接物没有功利心。在这里，社会身份完全被消解，没有人关心你在哪里工作、年薪高低、有无车房、是否婚配。

　　每个人都只有一双渴望知识、贪恋风景的眼睛。

　　你可以重新认识自己、定义自己，调适或者打破自己，不必畏首畏尾，不必为人生设限。

　　我从小就喜欢读书，热爱校园，若不是大学阶段受到严重的处分，屁滚尿流地被学校踢出社会，原本我的人生，或许会一直读到最高学历，然后努力留校任教吧。

　　还好，我始终记得初心，才有机会重回校园。

　　而那些英国当地的老师，就更加自由随性了。

　　讲莎士比亚的女老师，30岁辞去小学校长的职务，重返牛津大学，拿了4个博士学位，她笑称："我只是喜欢收集学位。"

"公共演讲"课的老师，头发花白，举手投足间都是老派英国绅士的风范，年轻时从牛津大学本科毕业，毅然去植物园里当一个花匠，讲起植物、草木、药性头头是道，只因喜欢。后来娶妻生子，要养家糊口，多次创业，挣了一些钱，终于在56岁时卸下担子，孩子们长大了，他回到牛津大学做讲师。

助教威尔有一头金色卷发，蓝宝石一样的眼睛，20岁出头，会说几国语言，在许多国家生活过。在一个地方待腻了，就换一座城市。有时在酒吧当调酒师和服务员，有时也做学校助教和HR，计划4月去伦敦生活。我问他去做什么，他说："I have no idea.（我不知道。）"

他们仿佛跳脱出了"在什么年龄做什么事"的社会时钟，没有人说："你的年纪应该读大学、结婚、养孩子、还房贷……"

没有"你应该"，只有"我喜欢"。

只要在做自己喜欢的事，就是美满的一生；如果能对社会有一点贡献，就是很大的成功了。

每一种选择，都值得被尊重。

我相信，人只要一直在做自己喜欢的事，总会过上让自己满意的人生。即使辛苦，即便平凡，也是不枉此生。

03 被羡慕的一生

临别，我对与我同龄的英国领队说："我今年 26 岁，在中国有一份体面的工作，也到了结婚生子的年纪。我们中国人讲'三十而立'，在 30 岁前，我应努力达成升职加薪、组建家庭、生儿育女的阶段性小目标。但我对这个世界还有很多好奇。这是我第一次来英国，我喜欢这里，接触的每个人都在自由地追求理想，过着自己向往的生活。我想在这里生活一段时间，或许能找个工作，小住几年。可我又很担心，几年后再回国，就什么都来不及了。"

我很害怕"被同龄人抛弃"，害怕而立未立、大龄待嫁、高龄生育，害怕成为不了身边人的骄傲。

我不知道什么是我想要的人生，可能和大多数人一样，我

孜孜以求的，只是过上"被人羡慕的一生"吧……

他对我说："我们不谈论'想过怎样的人生'，这个命题太宏大。但我想，如果此刻，你喜欢牛津，喜欢英国，那你应该留下来。我认识很多人，他们远没有你那么聪明，却都在这个城市有一份工作，自给自足。如果你渴望婚姻，说不定会在这里遇见合适的人。"

听君一席话，我心动不已，准备试着应聘牛津大学出版社。

就在此时，新型冠状病毒席卷全球，国际航班熔断，我无心恋战，保命要紧，丢盔弃甲地回到了祖国。

我没能坚持理想主义，没能摆脱对"离群索居"的恐惧——不喜欢的工作又做了3年，在适婚的年纪结了婚，婚后怀孕又胎停。

隔离期间，我在出租屋独居，过着昼夜颠倒的日子，半夜3点醒来，空荡荡的房间里一片死寂，连呼吸声和心跳声都有回音。我打开手机，玩着无脑小游戏，盼天亮。

偏生犯了肠胃炎，心悸、呕吐、休克，只有一个租房中介小哥把我背到医院。

在去往医院的路上，我忽然生出一个念头："假如我死了，会不会无人知晓？"

待我痊愈，就应亲朋好友之邀，开始相亲。时局艰难，凛冬已至，孤独的感受太刺骨。

而送我就医的小哥，我感念他，从他手里买了房，又遭第三方诈骗，全部积蓄血本无归，他也为此丢了工作，回了老家。

04 允许万物穿过

此刻，距我离开牛津，已过去 5 年。

人生总是这样，多年前，你在心底种了一粒种子，或许当下没有破土，甚至奄奄一息，可是年深月久，只要你不忘记，不断地用心血浇灌它，终有一日，它会发芽。

佛曰因果，种下善因，缘分到了，自结善果。

牛津之行是我的种子，从"被困住"的人生出走，看过、听过、了解过那么多美好的人、事、物，他们一定会在时机成熟后开花结果。

不必焦虑，不必着急，莫种恶因，但结善缘。

我允许万物穿过，无论好与坏、苦与乐，任由它们发生，留下清凉，留下智慧。

最近两年里，我结束了不合适的婚姻，辞掉了金玉其外的工作，换到了小城生活；把兴趣当作职业，成为全职写书人；用将近一年的时间，花光积蓄环游世界；还捡了一只流浪猫，接受了往后无儿无女的人生可能。

再回首，忆及在牛津的种种邂逅，我好像不再羡慕他们了，因为我现在过着的，也是我很喜欢的人生。

原来和喜欢的人、事、物待在一起，每天都会期盼醒来。

不为不值得的人、事花费心血，不因世间的污浊和不堪怀疑自己，把时间浪费在美好的事物上。趁还有能力做梦，好好

思考"想成为的自己"和"想要过的生活",然后一点一点拼凑它。不怕慢,只怕站。

至于未来,只要我们保持努力,保持热爱,坚持做正确而非容易的事,命运自有安排。

4

我愿纵身一跃去冒险

————

大自然庇佑着生活在这个星球上的每一个孩子。

我愿纵身一跃，

去拥抱这世间所有的惊奇与感动。

因为生命，

本就是一场华丽的冒险。

冰岛

在世界尽头，有一处被冰与火雕琢的土地，像遗落在北大西洋的璀璨明珠，遥远、神秘，又迷人。

这里是冰岛。

我曾无数次幻想踏上这片土地，终于在新年的清晨启程，不料，行前却染了风寒。

于是这场旅行，便多了几分决然。

我想，那个冰川与火山并存的奇妙小岛，风雪与极光中藏着的万年秘密，值得我纵身一跃，去探索，去冒险。

01 蓝湖温泉

冰岛的首都，雷克雅未克，冰岛语意为"冒烟的海湾"。

这是世上最北的首都，维京人后裔的家园。1000 多年前，维京人驾着龙头船来到这里，传闻维京人为求神谕，将两根木柱抛入海中，木柱漂到哪里，哪里就是他们的新家园。如今，在市政厅前，还能看到那两根木柱的复制品，它们静静地矗立着，诉说着一个民族迁徙的史诗。

这里的冬日那样漫长，下午三四点天就黑了，早晨 10 点多还未大亮，狂风、飞雪、细雨扑面而至，连绵不绝，但房屋是彩色的，每一栋房子都被主人涂上了不同的颜色，街角还有漂亮的手工彩绘，七色的彩虹街道直通大海，给干枯的季节增添了一些生机。

大教堂的管风琴直指苍穹，是冰岛人骨子里对自然的敬畏与抗争。

推开一间半米宽门脸的面包店，里面竟站满了顾客，这是"冰岛必吃"的一家店，名为 Brauð&co，排很久队买了一个刚出炉的肉桂卷，外皮酥脆，内里流心，散发着浓郁的肉桂香气，每一口都能让在寒风中的北欧人幸福感满满。

没什么能比在此苦寒之地泡一天温泉更舒服、温暖的了！

乘坐公交车，我来到冰岛最著名的地热奇迹——蓝湖温泉。

蓝湖，顾名思义，这里的温泉水是令人惊艳的乳蓝色，它坐落在黑色熔岩原上，像一面温润的蓝色宝镜，掉落在黑色大地的裂缝中。

蓝湖并非纯天然的温泉，大约在 50 年前，附近的热电站开始运作，电站将地热海水排放到周围的熔岩原上，久而久之，形成了这片独特的温泉湖。

冰岛的地热资源取之不尽，冬季日照时间短，他们就把番茄放在常年不关灯的大棚里，日夜照射，让番茄们误以为是在白天，努力生长。

还未进入温泉，已看到白色热气从蓝色的湖面上升起，与远处的冰川形成鲜明的对比。

我换上泳衣，披着浴巾，推开更衣室的门。

从室内走向湖水，要经过一座大约 10 米的桥，这 10 米，相当于光着身子步行在冰天雪地里，那体感，简直"生不如死"。

把浴巾放在更衣室里，以百米冲刺的速度奔向蓝湖，终于"扑通"一声，跳入湖中，在 40 摄氏度温泉的怀抱里，三魂七魄才终于归了位。

淡淡的硫黄味扑面而来，是大地深处的呼吸。

身处温泉中央，水色像被稀释了的牛奶，又像淡淡的蓝宝石。捧起湖水仔细观察，能看到细小的硅质颗粒，这些颗粒让湖水呈现出独特的颜色，还有美容护肤的功效。

泡完温泉，可以在旁边的餐厅吃一餐"漂亮饭"。夜晚的湖边、桥边都有昏黄色的灯光，照射得蓝湖越发温柔。边吃晚餐，边欣赏湖景，也是不虚此行的体验。

许是气候原因，冰岛的菜品一律偏咸，每次点当地特色的鳕鱼汤时，我都要让服务员帮忙兑一些白开水，否则实难下咽……

02 间歇泉

离开雷克雅未克,沿着1号公路向东开,是经典的旅游线路——黄金圈,涵盖了冰岛最著名的自然奇观:辛格韦德利国家公园、盖歇尔地热区和黄金瀑布。

辛格韦德利国家公园是黄金圈的第一站,也是冰岛的历史发源地。

公元930年,冰岛最早的议会在这里成立,维京人在这片开阔的平原上商讨法律、裁决纠纷。如今,议会旧址只剩下一片石堆,展示着千年前的民主萌芽。

离开辛格韦德利,前往盖歇尔地热区。

地面升起薄雾,空气中有浓浓的硫黄味,这是冰岛最活跃的地热区之一,像大地温热的呼吸,时而喷出滚烫的水柱。

站在观景台上,静静地等候盖歇尔间歇泉的酝酿。

在此之前,我从未见过间歇泉,只听闻是"纯天然的喷泉",以为是大地按时按点地工作。当地人却说,没人知道间歇泉多久喷发一次,或许几分钟,或许几小时,只能等。

泉水在阳光下泛着幽蓝色的光泽，泉眼深不见底，游人兴奋地举着手机，直到手臂发酸仍未见其喷发。

刚放下手机，忽听泉底传来低沉的轰鸣声，水面剧烈地翻腾，几秒后，一股滚烫的水柱冲天而起，伴着震耳欲聋的声响，直冲云霄。在空中，水柱画出一道优美的弧线，随后化作细密的水雾，洒向周围。

游人扼腕叹息，没能捕捉这转瞬即逝的奇观。

好在盖歇尔地热区间歇泉众多，不断有不同的泉水轰鸣、翻腾、喷射，有的喷泉高度只有两三米，有的有十几米。有的非常活跃，几分钟一喷，有的则要几小时，甚至几年才喷一回。

后来，在美国的黄石公园，我又见到了大量的间歇泉。与冰岛不同，冰岛的间歇泉平静时是蓝色或绿色的，黄石公园的却以黄色为主，还有黑色、粉色等，黑色的间歇泉活像煮开了锅的黑芝麻糊；还有的间歇泉能持续喷发几小时，相比于冰岛的短暂喷发，当算勤勤恳恳的美国劳模了。

黄金瀑布是黄金圈的最后一站，最为壮观，宽阔的河流在这里骤然收窄，河水从 32 米高的悬崖上倾泻而下，形成两道巨大的瀑布。水流撞击底部岩石，激起千层浪花，响彻云霄，像大地的怒吼。

离开黄金圈，可以再去冰岛东南部的杰古沙龙冰河湖，其名意为"冰川的眼泪"，因为这里的每一滴水，都是冰川融化的产物。

湖面上漂浮着巨大的冰山，在阳光下闪烁着蓝白色的光芒，冰山形态各异，有的像城堡，有的像动物，有的像船，它们从冰川上断裂，在湖中漂浮，逐渐融化，汇入大海。

若是赶上晴天，可以去附近的钻石海滩，在难得一见的黑色沙滩上，散落着无数冰块，它们在晴空下像钻石一样发光，像是大自然的珠宝展，干净、澄澈、一尘不染。

03 一场做不完的梦

继续上路，我来到欧洲最大的冰川，瓦特纳冰川，这里藏着大自然最神秘的馈赠——蓝冰洞。

清晨，跟随向导来到冰川边缘，蓝冰洞不能自行前往，一定要跟随经验丰富的冰川探险家，否则很容易坠落、迷路、失踪。

"蓝冰洞是冰川的呼吸，它们随着冰川的流动而变化，每年都不一样。今天的冰洞，明天可能就消失了。"向导边检查装备边说。

在冰原行走，要把冰爪套在运动鞋外，防止滑倒；还要戴头盔，以防在坚硬的冰川内部撞到头部；头盔上自带头灯，在漆黑的冰洞里可以照明。

冰原的表面并不平坦，相反十分粗糙，布满了裂缝和冰脊，狂风吹过，细细的冰粒随风吸入冰洞，像自然的魔法。

冰川上的冰洞数不胜数，但并非每个都能进入，向导走在前面，手中的冰镐在冰面上敲击，发出清脆的声响，为我们开辟一条通往梦境的道路。

走了半小时，我们终于来到其中一个冰洞的入口。

　　那是一个不起眼的裂缝，隐藏在冰川的阴影中。我们打开头灯，依次猫着腰钻了进去。

　　洞内温度骤降，寒气从四面八方袭来，众人头灯的光束在冰壁上跳跃，折射出无数细小的光点，仿佛走入一片星空。

　　冰洞的顶部悬挂着无数冰柱，像钟乳石一样垂下来，晶莹剔透，脚下的冰面光滑如镜，每一步都要格外小心。

　　越深入，冰洞的景色越发奇幻，冰壁呈现出深邃的蓝色，仿佛大海被凝固在此。向导说，冰川中冰的密度极高，吸收了光谱中的其他颜色，只留下了蓝色。"这些冰可能已经存在了数千年，每一层冰都记录着地球的气候变化。"

　　伸手触摸冰壁，冰冷的触感从指尖传来，冰壁同样粗糙，那些细密的纹路会不会也像树木的年轮，记录着冰川的年纪？

　　我们接连进入 4 处冰洞，有的是躬身钻入，有的需要下台阶，还有的是像滑滑梯一样，坐下来，滑进去的。

　　蓝冰洞也各有不同，有的狭窄，须侧身使劲挤才能通过，有的空间开阔，几人围站亦不拥挤；有的低矮到只能弯腰前进，稍有不慎就会撞到脊椎，有的很高，顶部距地面竟有 3 米多，用头灯一照，像水晶宫殿的穹顶。

每每进入冰洞，便像极了走入另一个世界，在地表之下，冰川之中，万籁俱寂，只能听到心跳声，外部的世界悉数消失。

走出冰洞，无人不是依依不舍，回头望去，冰洞的出口却在风雪中隐没了，方才所见，仿佛只是一场梦。

蓝冰洞，就是冰岛一场做不完的梦。

在冰洞里，触摸着千年前的冰川，我摘下口罩，呼吸着大自然的呼吸，走出蓝冰洞，我的风寒神奇地痊愈了。

大自然庇佑着生活在这个星球上的每一个孩子。

我愿纵身一跃，去拥抱这世间所有的惊奇与感动。

因为生命，本就是一场华丽的冒险。

我丝绸般的心内满是光明，

带着失去的钟声，

带着百合与蜂群。

我会走得很远，

远过山丘，

远过大海，

直到靠近星星。

去请求主，

归还我，

儿时的那颗心。

——费德里科·加西亚·洛尔迦

Part3
世界是永不熄灭的野心

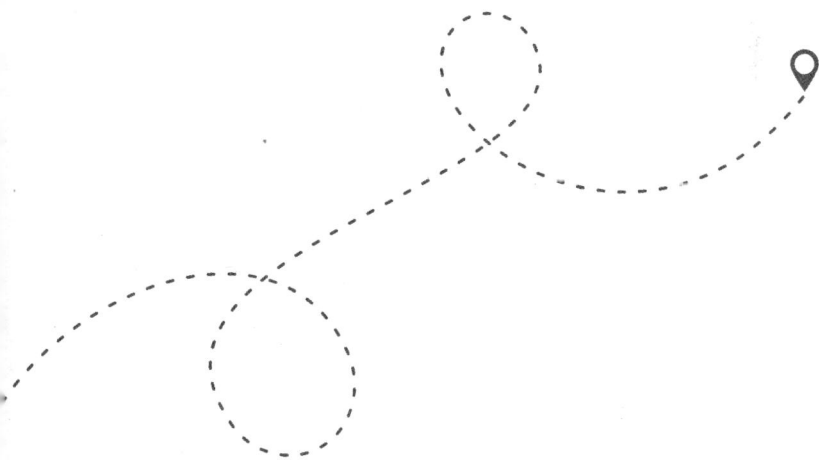

1

世界人来人往，
你要自救自渡

———

我们无力改变过去，

却可以改变曾经发生的事对我们的影响，

只是看你怎样选。

当你学会拥抱过去、爱过去，

你就会离幸福更近一点。

抉择本身，

就是向前。

中国香港

01 张爱玲的香港

我一直觉得，自己对香港的执念，源自张爱玲。

在张爱玲笔下，香港是《倾城之恋》里，为了成全相爱的人倾覆的那座城——"狂轰滥炸，生死交关，牵绊了范柳原，白流苏欣喜中不无悲哀，够了，如此患难，足以做十年夫妻"。

她写香港艳丽的广告牌——"望过去最触目的便是码头上围列着的巨型广告牌，红的，橘红的，粉红的，倒映在绿油油的海水里，一条条，一抹抹刺激性的犯冲的色素，窜上落下，在水底下厮杀得异常热闹"。

她写香港旖旎的街景——"香港的公共汽车顺着柏油山道徐徐的驶下山来。开车的身后站了一个人，抱着一大捆杜鹃花。人倚在窗口，那枝枝桠桠的杜鹃花便伸到后面的一个玻璃窗外，红成一片"。

她笔下的浅水湾，是热热闹闹的明媚——"那车驰出了闹市，翻山越岭，走了多时，一路只见黄土崖，红土崖，土崖缺口处露出森森绿树，露出蓝绿色的海。近了浅水湾，一样是土崖与丛林，却渐渐的明媚起来……那醺醺的，滟滟的海，直溅到窗帘上，把帘子的边缘都染蓝了"。

在张爱玲眼里，香港是华丽的，却在战火中弥漫着挥之不去的悲凉与破碎。

她一生三次到访香港，19岁时考入香港大学文学院，因日军侵占香港而中断学业，返回上海；战争结束后，她回港大复学，但因经济困难退学，暂住在香港北角，从事翻译和编剧工作，后赴美定居；41岁那年，张爱玲第三次来到香港，为电影公司创作剧本，几个月后返回美国。

物是人非事事休，距离张爱玲最后一次离开香港，已有60余年，这里已不再是张爱玲的香港了。

但香港街头的广告牌依然夸张夺目，尤其是油麻地一带夜晚的霓虹，繁华依旧，胜景常在。

使用浓艳色调的城市总让我相信，这里的人们也拥有这样的性格，张扬、自信、热烈。

香港虽小，却能满足不同的旅人。如果偏爱自然风光，可以去太平山顶和大屿山；喜欢逛街购物，就去旺角和中环；维多利亚港的夜景颇负盛名，是"世界三大夜景"之一；如果带了小朋友，迪士尼和海洋公园是孩子们的最爱。

香港的美食惹人垂涎。

"冰火两重天"的黄油菠萝包，厚切的黄油刚从冰箱里拿出来，冒着冷气，夹在现烤出炉、暖烘烘的酥皮菠萝包里，于是黄油迅速化掉一层，融化的黄油又被面包迅速吸收，黄油的鲜咸与菠萝包的香甜融为一体，是令人满足又不会过于饱腹的香港味道。

丝袜奶茶是一定要品尝的港式饮品，创始人将茶叶装入特制的棉布袋，反复冲泡和过滤，以确保茶味均匀且苦味被去除。但棉布袋在多次冲泡后会被染成咖啡色，外观很像丝袜，顾客便误以为是用丝袜冲泡的，戏称之为"丝袜奶茶"。

还有黯然销魂饭、烧腊、碗仔翅、车仔面等等，许多香港美食在世界各地都可见到，但要寻找最地道的风味，当然要亲身去一趟香港。

02 不要爱我圆满，爱我破碎

我对张爱玲的作品，印象最深的，要数《心经》。

她笔下的许小寒，不愿别人说父亲年纪大，回避谈论母亲，和父亲去看电影时，被误会是情侣，她竟感到很高兴。随着时间的推移，这种情感越发不正常起来，她与父亲之间不单是女儿对父亲的爱，还演变成了男女之情。

这种"爱"使她把母亲当情敌，她本能地憎恨、厌恶母亲，认为自己和母亲"只是爱着同一个男子的两个女人"。

她亲手把父母间的爱，慢吞吞地杀死，一块一块地割碎。

最终，她得知父亲确实不爱母亲了，但是爱的人也不是自己，竟是自己的闺密。她只能顺理成章地把母亲拉到自己的阵营，一致对外，抵御外敌。

为了父亲，她不愿长大，甚至要永远不嫁，留在父亲身边，没想到父亲竟爱上了她的闺密，得知真相后，她破碎了。

这个女主角，我们称她有"恋父情结"，很多人以为，恋父情结是指对父亲非正常的爱慕和依恋，在现实生活中，真正像许小寒那样，爱上自己父亲的女性，并不算常见。

但恋父情结的真实含义，其实并非女性对父亲的爱恋。它的概念十分复杂，比较通用的描述是：女性在年少时，因父亲角色的缺失，或与父亲的关系存在严重问题，如冷漠、辱骂、冲突，严重的甚至可能受到过父亲的虐待、侵犯，这些未能和解的冲突，会影响这个女性成年后与其他男性的亲密关系。

从这个角度看，恋父情结并不罕见。

正如作家李娟的那句话："**当我最需要爱的时候，我从来不曾被深深爱过，后来无论我得到多少爱，我都不以为然。**"

资料显示，拥有恋父情结的女性，往往具有以下某些表现：

- 对男性有无止境的渴望，觉得"生活里不能没有男人", 因此男性伴侣很多, 约会对象不断, 鲜有"空窗期", 女性朋友较少或几乎没有。

- 强烈地喜欢"男友力"爆表的男性, 对男性特质非常明显、有阳刚之气, 或是极有权势的男性难以抵抗。

- 渴望与年纪大过自己, 甚至大自己很多的男性在一起。

- 在亲密关系中, 易嫉妒、黏人, 需要反复确认对方是否爱自己, 很难有一个伴侣能让她真正获得安全感。

- 争吵时脏话连篇, 充满攻击性, 甚至有某些暴力、自毁行为。

- 在很长一段时间里, 处于单方面顺从的、受控制的、不平等关系中, 比如长期做第三者、答应对方保持地下情等, 尽管对这段关系非常失望, 却不愿离开。

- 虽然在他人眼里很成功, 但在心里把自己看得很轻, 从不认为自己优秀, 就像小时候总是得不到父亲的表扬。

- 有时会故意让伴侣失望, 就像小时候故意让父亲失望那样。

- 故意做出某些被传统价值观认为是放荡的行为。比如随意与异性发生关系、在社交网站发布暴露的照片，或是将其传给刚认识的男人。

- "吸渣"体质，不易被诚恳正直的好男人吸引，总是不知不觉地与同一类人产生深刻、强烈的互动，本能地爱上那些情感激烈、攻击性强的男人，并想从对方那里获取在父亲身上没有得到的爱。

- 在依恋关系中，总是表现出低自尊、担忧被抛弃的状态，虽然在恋爱中屡屡碰壁，常感到被侮辱和背叛，却仍选择和同样的人在一起。

03 她太年轻，还不懂爱情

同是"萝莉爱上大叔"的剧情，张爱玲是从女孩视角出发，而影片《洛丽塔》则以大叔的口吻，来叙述这种非正常的感情。

大叔去美国任教，租房时，来到一位寡居的夫人家中，他对这个房间本不满意，在准备离开时，却看见了屋后花园里夫人的女儿，年仅 14 岁的洛丽塔。他对洛丽塔一见钟情，疯狂地爱上了她，于是爽快地租下了这间房。

此后，他们三人经常一起看电影、出席舞会，大叔处心积虑地与洛丽塔单独相处。

为了长久地跟洛丽塔在一起，大叔不惜违心娶了她的妈妈为妻。最终，夫人发现了他对女儿的迷恋，愤怒地冲出家门，却因车祸身亡。

于是大叔带着他心爱的洛丽塔，开始了逃亡生涯。

洛丽塔有没有爱过大叔，是众说纷纭的千古谜题。

有人认为，洛丽塔离家去夏令营时，去大叔的房间亲吻他，提到他时说："那是唯一一个让我着迷的人。"这或许表示，她曾经爱过他。也有人认为，洛丽塔太年轻了，根本不懂何为爱情，只是小女孩的好奇心而已。

洛丽塔自幼由母亲抚养，父亲角色长期缺位，后来与大叔亡命天涯，在路上与他发展出一段不伦之恋。她对亲密关系非常随意，种种行为也与上述表现相吻合，算是比较典型的"恋父情结"。

读书观影，是为了反思自身。

如果你发现，自己总是情路坎坷，遇人不淑，被同一个或不同的渣男周而复始地伤害，或许可以回溯、觉察，是否受到了"恋父情结"的困扰。

意识到这一切的根源，才是改变的开始。

我们可以试着分析，自己的某些行为，是否源于错误的认知和信念。

例如，对伴侣超强的控制欲——疯狂查岗、连环夺命call（电话）——是不是源自"害怕被抛弃"的潜在担忧和"我不值得被爱"的自我认知。

我们也可以审视自己长期的行为模式，是否存在某些偏差，才会不断吸引渣男。

例如，对那些真心欣赏自己的人视而不见，却对那些不尊重自己、贬低自己的人一见倾心，试图用自己的努力"赢得"他的爱，像儿时想赢得父亲的赞赏那样。

我曾经写过："相信自己认知的能量，相信认知能够驾驭失控的头脑。用觉知和行动，塑造你的思想，而不是被它的疯狂和偏执所左右。"

无论过去经历过怎样的黑暗和伤痛，你都要自我救赎，认识到一切都已过去，纠缠无益。事实正是如此，此生不能再从头开始，纵使你把大叔视为"爸爸"，也不可能重新找回那个爱你的"爸爸"。

04 拥抱过去，爱过去

世界人来人往，唯有自救自渡。

从今天起，你要不断地告诉自己："我是安全的""我是值得被爱的""我尊重自己的身体，也能够控制自己的人生，即便没有男人，我也可以过得很好"。

这是心理学提倡的"自我对话"，从积极的自我对话开始，抚慰自己，改变自己。

在香港九龙一间可以望见海的酒店里，我重读张爱玲，看着早已沧海桑田的香港，写下一段话送给自己。

在此也将其分享给大家，希望我们一起努力，变成一个更幸福、更自在的人。

　　你有很多优点：善良、自律、有灵气。但同时也敏感、脆弱、桀骜、尖锐，这是因为你心里有很多创伤，它们共同组成了你。我愿意陪你，把心里的坑坑洼洼一点一点填平，填不平也没关系，你人生的康庄大道，不会因为有几粒石子就无法前行。

　　你在父母那里，没有做过一天任性的小女孩，以后就让我来包容你、呵护你、疼爱你。很多人喜欢你，是因为你聪明、上进又可爱，但我看得到你的创伤，你的破碎，却依然想抱紧你，相信你是这世上最好的小孩。

学习接受过去的创伤，原谅自己，也原谅曾经缺位抑或与自己对峙的父亲。

哈佛心理学教授、写过著名畅销书《活在当下》的作家拉姆·达斯，在他的另一本书里说：**拥抱过去，接受过去，爱过去。将过去视作一种观念，去爱它；放开所有悔恨和遗憾的情**

绪，按照过去原本的模样，去爱它。不要对'过去'起心动念，仅仅以爱去感受它。

我们无力改变过去，却可以改变曾经发生的事对我们的影响，只是看你怎样选。

当你学会拥抱过去、爱过去，你就会离幸福更近一点。

抉择本身，就是向前。

2

我爱这寻常日子里的
小确幸与小欢喜

——

人间不过是个道场，

人人带着功课而来，

没人能摆脱苦恨，

尽享平安。

但亲爱的，

这世上只有一种英雄主义，

就是认清生活的真相后，

依然热爱生活。

福建宁德

29 岁那年，我只身一人前往福建宁德，在山里的一座寺庙中，当了几个月义工。

寺庙在宁德下辖的县级市福安，这里有少数民族畲族的聚居区，当地的饮食文化颇具特色。畲族美食讲究原汁原味，如畲族糍粑、畲族炒粉、乌米饭等，保留了食物原始的鲜香，较少使用调味料，是令人念念不忘的味道。

福安的"坦洋工夫红茶"，是福建三大工夫红茶之首，色泽乌黑有光，内质香气清鲜高爽，汤鲜艳呈金黄色，滋味淳正。曾与贵州茅台酒同获"巴拿马万国博览会"金奖，据传曾是英国王室的专供茶。

在庙里，闲暇总是很多，师父得空便和我们围坐品茶，谈人生，茶禅一味，我的很多困惑都是喝茶时解开的。

福安的豆腐干也是远近闻名的特产，我每次回寺庙都会买一些，分给僧众和香客。

01 岁月静好，阴霾笼罩

在庙里，我和另外几个女孩同吃同住。

有一个长发飘飘，个子小小，看起来性格很好的女孩，经常来庙里干活，这次是和她先生一起来的。

夫妻俩是大学同学，比我大一岁，在一起已整整 10 年了。在他们身边，我第一次对同龄人的幸福婚姻，有了真切的感知。

男生很有责任心，庙里的重活、累活抢着干，默默地干，从不居功。他心甘情愿地照顾所有人，每天帮我们盛斋饭，自己总是最后一个吃。

午后，听完师父讲经，闲暇时，他便和妻子一起，并肩坐在树下，聊聊心得。

他们看起来那样平和、喜悦、与世无争。

我发自内心地喜欢这对夫妇。

那时我正处于失业的低谷期，同女孩提起，她说："把我老公喊来，咱们一起分析分析，方便吧？"

我笑着说"好"，素昧平生，他们非常热心，帮我出谋划策，哪怕我和他们，或许是离开寺庙，此生无缘再见的陌路人。

彼此渐渐熟络，我得知他们大学时就开始创业，没上过一天班。男生记忆力惊人，早年上过记忆力竞赛综艺，借势开办"青少年记忆力训练营"，专门教青少年记忆方法，女生负责公司的财务和客服，30岁就实现财富自由了。

他们平时生活在一线城市，在城郊有自己的庭院，除了每年寒暑假继续开培训班，平时把线上课程做些更新，两人一有空就回到小院，种菜种花，养猫养鸡，晒太阳、看书、喝茶，小日子过得有声有色。

可是，现世如此安稳，背后也有阴霾笼罩。

与此同时，我了解到，男生的父亲有非常严重的精神疾病，曾与他们共同生活，给夫妻俩带来了极大的挑战。

"那段时间我快崩溃了，我知道这很不孝，但说实话，我内心真的盼着他赶紧死掉……"女生回忆起来不无痛苦。

"有一次，他又在家发脾气，来了两个警察，没想到他发起疯来，连年轻力壮的男警察都按不住，最后用手铐铐住，才终于把他带走，后来就住进了专门的医院。"男生面带忧伤地说。

如今，他的父亲已经离世，小夫妻都是云淡风轻的性子，想不到他们曾经历沧桑。

02 众生皆苦，没有人是草莓味的

又过了一阵子，我准备离开寺庙，走之前的一晚，我在院子里踱步，想最后看看山里的月亮。

没想到，竟撞见女生坐在寺门外的台阶上低声啜泣，男生轻拍她的肩膀，也不说话。

　　我一时不知该如何是好，走上前去，怕惊扰二人，涉及隐私；退回屋去，又不愿显得自己淡漠，毕竟他们对我的事总是很上心。我只好望着他们的背影，呆立了一会儿。

　　好在不久，男生就回头看到了我，冲我招招手，示意我过去，我于是轻轻走过去，安安静静地坐在女生身旁。

　　她又哭了一阵子，对我说："小白（我的小名），我和陈老师大学毕业结婚，现在已经6年了，我一直特别喜欢小孩，但我这辈子可能都不会有小孩了……"

　　她得了一种不太常见的病，生理期不是每月一次，而是每年一次，在她很小的时候，大夫就告诉了她未来不会有小孩。

　　谈恋爱前，她坦诚相告，男生在慎重考虑后，决定接受丁克。

　　她说："我们俩第一次见家长，我爸爸特意跟陈老师说：你应该知道，我闺女不能生小孩，这件事你一定要考虑好，不要一时意气用事，过几年再后悔。"

　　男生没有说话，她继续说："其实陈老师一直在安慰我，他说我们没有小孩，也可以生活得很好，但我看到身边的兄弟姐妹、亲朋好友都有孩子，真的很羡慕。我得这个病很多年了，从十几岁起，我就知道自己不能生育，以前我无所谓，可是现在，我拥有全世界最好的老公，拥有这样深爱的伴侣，却不能和他一起拥有爱的结晶，我真的很遗憾。"

我只能深深地拥抱她，内心涌起悲悯与怜惜——众生皆苦，人间真正的万全与圆满，本难寻觅。

这世上，从来没有一帆风顺的人生，没有十全十美的爱侣，只因我们竭尽全力，才在苦难里开出了一朵花，笑着面对苦楚和绝望。

苦海沉沦，人间众生，莫不如是。

03 人间不过是个道场，人人带着功课而来

另一位女生，比我小几个月，不夸张地说，她是我见过的人里最漂亮的。

她是上海戏剧学院毕业的演员，参演过国民度很高的影视

剧，虽是镶边配角，但也戏约不断；业余做歌手，是中央电视台、北京电视台的常客，前几年还拿过歌唱类王牌节目的总冠军；会演戏、会唱歌、颜值高，还在开心麻花的团队里主演舞台剧。

在庙里，我们一见如故，她和我是上下铺，每天晚上叽叽喳喳地聊天，简直恨不得钻一个被窝，促膝长谈。

我那时刚被裁员，还没环游世界，也没想好是否全职写作，我的职业生涯，仿佛一团遥远而未知的迷雾。

"女明星"的事业却那样欣欣向荣，她对我说："我从小最喜欢的事就是唱歌，长大了还能以唱歌为生，把爱好变成事业，是世界上最幸福的事。"

以前听说，让爱好成为职业，只会让自己痛苦，我也没见过多少真正热爱自己工作的人，只是爱钱、爱名望、爱权势罢了。

她给我看参赛的视频，她打扮得像迪士尼公主，声音仿佛天籁，在全中国最闪亮的舞台上，把自己的热爱尽情燃烧。

她的眼睛里，星河滚烫，尽是光芒。

那是我最迷茫困顿的时期，我是那样羡慕她，羡慕她事业有成，生机勃勃。

直到有一天，我无意中听到她在电话里声嘶力竭地与人吵架。

原来，她爱上了另一个才华横溢的音乐人，两人既是惺惺相惜的知己，也是赛场上共进退的战友、舞台上最默契的伙伴。没想到谈了几个月恋爱，她居然发现男生早有家室，孩子都6岁了……

她想快刀斩乱麻，提了分手，男生却说自己已在办理离婚。她给了他一些时间，但可想而知，都是谎言。

那样美丽活泼的女孩，不明不白地成了"第三者"，强行被拖入一段不平等的关系，在一次次拉扯中，不断证实在爱人心里，自己的价值更低——每一次，男生举起衡量利弊的砝码，天平都落在妻子那侧。

是他非要闯入她的世界，赐她梦境，却赐她很快就清醒，让她从此幸福，又让她枯萎不渡。

我想，或许每个人，都有自己的难关要过，有人是事业，有人是情关，有人是子女。

人间不过是个道场，人人带着功课而来，没人能摆脱苦恨，尽享平安。

但亲爱的，这世上只有一种英雄主义，就是认清生活的真相后，依然热爱生活。

所以那对膝下无子的夫妇，选择彼此依偎，把眼前的日子过好；而情关难过的女明星，选择奋力打拼事业，终于小有名气。

尽管命运不曾厚待他们，但他们不执着于"得不到"和"已失去"，而是爱着寻常日子里的小确幸与小欢喜，这已是大智慧。

《金刚经》里说："**凡所有相，皆是虚妄。**"

离开寺庙一年，我开始全职创作，终于体会到了"女明星"的快乐——每天都满心期待地开始工作，虽然挣钱变得更加艰难，甚至全年无休，但我甘之如饴。

眼前的烦恼终会消散，生活的泥潭困不住我们，终有一天，我们能依靠自己，挣脱出来。

当下，我们唯一能做的，是随缘而遇，随遇而安，从万家灯火里找到属于你的那一盏灯，打败悲观，然后通往幸福。

3

你永远有机会，
活成自己喜欢的样子

无论谁辜负过你，

没能成为他们本该成为的样子，

但你活成谁，

只取决于你。

你不必成为"有毒"父母的复制品，

抑或家庭战争的牺牲品。

01 辗转 4000 年的相逢

正午的阳光像一把金色利刃，将吉萨高原劈成两半。

我在狮身人面像前，仰望三座金字塔沉默的棱角。

狮身人面像的脸庞，早已不像历史课本里那样清晰可见，风沙模糊了它的棱角，与记忆中的面目相去甚远，只剩巍峨。

旅行时，我常有此感叹，**有些地方若是来迟一步，就再找不回当初的模样了。**

地震后的九寨沟、火灾后的巴黎圣母院，与灾前的样貌，大相径庭。

若你心怀远方，别等，就在此刻上路吧，因为明天与意外，不一定谁会先来。

站在胡夫金字塔前，看风沙掠过 4000 年时光，在巨石表面刻画出细密的纹路，每块石砖都重达 2.5 吨，古埃及工匠用铜凿与玄武岩锤打磨出的缝隙，至今容不下一张纸片。

指尖触碰灼热的石灰岩，沙粒簌簌落下，不是风化的碎屑，是停驻在石缝间的岁月。

进入胡夫金字塔，无论冬夏，一定要穿一件短袖内搭。

我去时是深冬，在室外穿薄羽绒，进入塔内，在狭窄的台阶上攀登不一会儿，便觉炎热难耐，外套悉数脱去，只剩一条短袖连衣裙，仍在冒汗。

有人没做攻略，穿着羊绒衫、厚帽衫，走出塔外，竟浑身湿透。

攀到尽头，是一间石室，里面静静地躺着一口石棺，棺里空无一物，据传曾装着法老的木乃伊。

游人竭力攀爬，热到窒息，最终一无所获，大呼遗憾。

好在有"热心"的当地人守在石室门口，戴着工作人员的牌子，热情地、不由分说地帮游客拍照，可惜光线惨淡，人人筋疲力尽，张张都像"倩女幽魂"。

拿到"玉照"别急着走，那位"工作人员"还等着问你要小费呢。

听闻埃及治安不好，我出门都用 Visa 卡（一种信用卡），口袋里现金不多，都给了他，被好一通羞辱。他拉着我，给身后的游客"示众"，照片都顾不上拍了："看看这个中国人给的小费啊，我辛辛苦苦冒着酷热给她拍照，这是什么，这也算钱吗？"

我羞愧难当，无奈之下，又把包里没拆封的矿泉水给他。

人越聚越多，眼见再不放我走，就要造成拥堵了，何况他本不是什么工作人员，恶狠狠地瞪了我一眼，终于放我离去。

若要看到三个金字塔同框，或是九塔同框，必须骑骆驼绕行，去到指定位置。一路会有无数小贩问你是否骑骆驼，价格浮动极大，傍晚快关门时，性价比高些。

若运气好，可以在金字塔关闭前，看到猎户座的腰带悬在塔尖正上方，与地面建筑构成完美的镜像——4600 年前，古埃及人正是依照星象排列建造的金字塔群，这是全人类的奇迹。

晚上 8 点，有时能看到金字塔灯光秀，彩灯在塔身投下荷鲁斯之眼的图腾，尽管灯光表演略显拙朴，被网友戏称为"坟头蹦迪"，倒也是别样的体验。

但灯光秀并非每晚都有，最佳方案是住在金字塔旁的观景酒店，吃早餐时，还能看到金字塔日出。

回到酒店，头发里钻满了来自孟卡拉金字塔的沙。

它们或许曾沾染过建造者的汗水，聆听过法老的祷词，见证过拿破仑在此夜宿时的惊叹，此刻它们跨越 4000 年，只为与我相见，一念及此，便觉因缘奇妙。

02 爬满苍蝇的美味蛋糕

开罗的清晨，在叫卖声中醒来。

推开民宿斑驳的木窗，楼下已聚集了一群等待"猎物"的商贩。他们鹰隼般的眼睛扫视着每一个路过的外国人，随时准备扑上来，推销那些粗制滥造的纪念品。

"你好！你好！我的朋友！"一个裹着褪色长袍的中年男子快步追上我，说着中文。

我相信，每个埃及人都会说中文"你好"，并非因多么友好，大约是知道中国人"穷家富路"的传统，出门在外总是舍得花钱，在中国朋友身上比较容易赚到钱吧，所以他们看到中国人总是很激动。

长袍男子脸上堆着过分热情的笑容："让我带你去最好的商店，免费！""免费"，也是他们人人必备的中文词汇。

我加快脚步，他却像牛皮糖一样黏着我走了几百米，不断碎碎念着"朋友""便宜""免费"等中文，直到我拐进一条小巷才终于作罢。

我去参观洞穴教堂，这是一座建在洞穴里的巨大教堂，依山而建，十分宏伟，只是埃及宏伟的建筑实在太多，所以这个洞穴教堂不算知名。

教堂前，行乞者早已各就各位。

年幼的孩子吵吵嚷嚷地要为你拍照，我笑着摆手，却被立即跟上，再甩不脱。

我忽然想起，先前查的攻略里提过，对埃及乞儿、小贩最好的方法是无视，一旦跟他们对视、微笑，定会被纠缠许久。

另一些乞讨者或坐或卧，不打算付出任何劳动，只是伸手要钱。一个小女孩一把拽住我的衣角，怀里抱着一个婴儿，另一只手熟练地比画着要钱的手势，口中说着"1美元、1美元"。

我一边摇头一边躲着走，她立刻换上了一副凶狠的表情，用阿拉伯语咒骂着跑开。

夜晚的哈利利市场格外热闹，铜器的反光刺得人睁不开眼，店主站在铺门口，像蜘蛛守着蛛网。

一见中国面孔，他们便用中文大喊："进来看看，不买没关系！"他们热情地招呼你进店，一旦你触碰到某件商品，或是表现出兴趣盎然的样子，拉锯战便就此开始，价格像过山车一样起伏，从天文数字到"交个朋友"，总之不买不行。

夜幕降临，我逃回民宿，刚坐下，门铃就响了。

开门一看，是清早的那个长袍男子，不知从何时起，他尾随我到了住处。"我的朋友，纪念品，纪念品，这个便宜！"他依然说着蹩脚的中文，还从皱巴巴的黑色塑料袋里掏出一堆粗糙的狮身人面石膏像。我不得不叫来房东，才将他请走。

03 一切取决于你，没有借口

我曾无数次在访谈、文章中表达过对埃及的喜爱，也非常认同这句关于埃及的经典评论：**"埃及就像一块世间难得的美味蛋糕，上面爬满了苍蝇，你必须一刻不停地赶苍蝇，才不至于把它们吃到嘴里。苍蝇被短暂赶走后，你还要用叉子细心挑选能吃的部分，甚至在喂进嘴里的过程中，还要担心苍蝇反扑。可是，当你真正吃下蛋糕的一霎，你会觉得，它值得。"**

此时的埃及，通货膨胀、物价飞涨，我在那里生活的半个月，同一间中餐馆，第二天比第一天每道菜涨价了20%。月初发了工资，人们会把所有的钱都花完，用来购买生活用品，因为到了月底，可能就买不起了。

我理解在苦难中艰难求生的人们为了生计的不择手段和丑恶嘴脸,看美剧《无耻之徒》,看在芝加哥的贫民窟里被父母遗弃长大后行为失范的孩子——往后余生,即便美好的人、事降临,他们也会想方设法毁掉一切。

在女主角又一次出狱后,警察对她说:"我也和你一样,生长在贫民窟,爸爸是不折不扣的酒鬼。我想对你说的是,**无论出身如何,无论谁辜负过你,没有尽到他们的责任、没能成为他们本该成为的样子,但你是个成年人,人生中会有一个点,让你掌握自己的生活,一切应该取决于你,没有借口。**"

你永远有机会,活成自己喜欢的样子。

近年来,随着心理学的普及,越来越多的年轻人开始关注心理健康、原生家庭、成长创伤。

尽管我们生在和平稳定的国家,没有非洲地区的贫瘠,美洲贫民窟里的枪、毒泛滥,但越来越多的年轻人认为,自己在原生家庭里受到过难以释怀的创伤,这些创伤不断被归因、被放大,最终得出"父母皆祸害"的论调,再难过好这一生。

所以我想,《无耻之徒》播出距今 10 余年,这段话依然有意义——无论谁辜负过你，没能成为他们本该成为的样子，但你活成谁，只取决于你。你不必成为"有毒"父母的复制品，抑或家庭战争的牺牲品。

生在淤泥是不幸，但是否同流合污、变成淤泥，永远是选择，不是迫不得已。

4

人生缓缓，自有答案

———

只有看见伤痕，
疗愈才有可能发生。
万物皆有裂痕，
那是光照进来的地方。

澳大利亚黄金海岸

01 好好生活，慢慢吃饭

我在澳大利亚学到一个词：Aussie relaxed lifestyle，译为"澳洲人的松弛感"。

想要体验真正的黄金海岸，不能急着打卡，须放下行程表，像当地人一样，用"慢动作"打开这座城。

别住酒店，选间带阳台的民宿，早上被阳光和海浪声唤醒，南半球的阳光总是慷慨；傍晚在阳台上喝一杯，吹着海风，看夕阳沉入海面；睡到自然醒，去街角吃个早午餐，尝尝澳洲特色的牛油果吐司和巴西莓碗，配一杯澳白，开启慵懒的一天。

在冲浪者天堂的沙滩上晒太阳，看海鸥掠过水面，恰是儿时看过的动画片《海底总动员》里呼啸而过、争相抢食的红嘴鸥群。

身后的 Q1 大厦高耸入云，眼前的冲浪者们踩着浪板，在碧波中画出优美的弧线，宛如一支支银色的箭，射向无尽的蔚蓝。

每周三、五、日的夜晚，海边的夜市热闹非凡，当地海鲜、各国小吃、手工艺品应有尽有。

如果你喜欢动物，就去可伦宾野生动物园，在这里可以抱考拉、摸袋鼠，和澳洲特有的小动物亲密接触；如果你喜欢徒步，就去春溪国家公园，漫步在遮天蔽日的原始森林里，仰头看那些千年古树，树干上都爬满了青翠的苔藓。

"慢食运动"在澳大利亚广受喜爱，这是一项旨在对抗快餐文化、鼓励人们享受用餐过程、重视食物来源和制作、倡导健康的生活方式的运动。澳洲人通过举办"塔斯马尼亚美食节"来展示本地食材和传统烹饪方式，还有"维多利亚农夫市集"为居民提供本地的有机食品。

在这里，时间变得悠长，慢慢吃饭，好好生活，享受假日是人们的共识。

别急着赶行程，放慢脚步，像当地人一样看海、发呆、慢食、晒太阳，才是黄金海岸的正确打开方式。

细想来，从前的日子总是匆匆，求学、就业、成家，大抵是受了朱自清的"荼毒"："八千多日子已经从我手中溜去，像针尖上一滴水滴在大海里，我的日子滴在时间的流里，没有声音，也没有影子。我不禁头涔涔而泪潸潸了……"

而从我手中溜去的，不止八千多日子，已是一万多日子了，更应"头涔涔而泪潸潸"。

但在黄金海岸，**时间是用来虚度的，不必抱歉，不必羞愧，在天地间流浪，"今日方知我是我"**。

02 锣鼓喧天，鞭炮齐鸣

我小时候，有两个梦想，一个是登上百度百科，成为能被搜索到的"青年作家李梦霁"；另一个是和小品里的"白云"一样，开一场"锣鼓喧天、鞭炮齐鸣、红旗招展、人山人海"的签售会。

22岁，我出版了第一本书，终于办了几次签售会，第一场在南京的一所大学，是学校工程系学生会的活动，"青年作家进校园"，600座的大礼堂，座无虚席。

因是工程系，在座的八成是男孩子，他们本不是我的读者群体，我腹诽，哪个20岁的男孩，会买一本民国女子传记？

但是现场的互动环节很热闹，我那时也刚毕业，人设是"学姐"，大家听闻我在大学毕业前，一个人走遍了中国，还尝试了5份不同行业的实习，又去加拿大和香港做了交换生，对我的大学生活颇感兴趣，纷纷提问。

幽默的"男大"们提的问题很搞笑，现场一片欢声笑语。到了签售环节，200人当场买书，排着队依次找我签名、合影，签了足有一个半小时。

那时，我签在扉页，写给男孩子们的寄语，是"天下己任"。

后来去南京另一所学校办签售会，财经类院校，又是文学社组织的活动，在座的八成是女孩子，气氛完全不同。

印象很深的是，有一个大二的女生看完我的书，执意要上台拥抱我，因为"看我的文字，觉得我心里一定很苦"。

女性之间的相互看见、理解、支持，令我心亦柔软，我给她们的寄语是"此生长安"。

第三场签售会，安排在北京的一家书店，彼时我尚未开始"北漂"，对北京之大毫无概念，出版公司在北五环，书店在南四环，我住在表哥家，东五环。

花去整日，腾挪辗转，到了书店，却没多少人来，更无人提问、互动。

那次之后，我就不想再办签售会了。

03 要眠即眠

直到出版了第 5 本书，《勇敢的人先享受世界》，我才重新开始办签售会。

那时，我已离开北京，屡屡往返于外地，马不停蹄地赶赴新书发布会。因经费有限，我只能时而借住在编辑家，时而借住在闺密家。

住在闺密家那晚，我们彻夜长谈，直到东方既白，第二天只好发着烧上了舞台。

想来我总是这样匆匆的性子，无论第二天要面对怎样隆重的场合，若前一晚有话要讲，必会牺牲睡眠。

小时候，堂姐来我家，我俩叽叽喳喳地说悄悄话，直说到后半夜，第二天上了考场，晕晕乎乎，不知所云。

离家多年，偶尔和妈妈一起旅游，白天急行军，晚上躺在床上又滔滔不绝，有时我妈甚至都睡着了，我还在慷慨陈词，根本不顾第二天要赶飞机、赶景点……

与伴侣相处更是如此，有什么矛盾、心得，或是职场琐事，必要抓着对方一通输出，时常通宵交谈，第二天双双萎靡不振地去上班。

我好像永远慢不下来，更学不会"先睡觉吧，有什么事明天再说"。

这样的情况越来越严重，等到我不上班后，更是肆无忌惮地熬夜，有时写作，有时看书，有时和朋友聊天，我对睡眠看得很轻，仿佛它是我人生中最无足轻重的事。

直到体检，才发现身体状况很糟糕，虽不喝酒，却有了肝囊肿，医生说大概率是因为熬夜。

拿到诊断报告时，我痛下决心早睡，却发现已对睡眠失去了控制，不是不想睡，而是再也睡不着了。

再后来，我开始生出一种恐惧，每到夜晚来临，我都担心，今夜失眠怎么办?

作家冯唐说:"**越老越发现，人生第一件要紧事是睡觉……每天睡到自然醒，宛如重生。**"

参观他的"不二堂书道展"，最喜欢的一张书法作品是《以猫为师，要眠即眠》。

如果人可以做到"要眠即眠"，真是此生一等一的幸事。

04 不信来日方长，只怕夜长梦多

为了睡着觉，我尝试了很多助眠方案。

泡脚、喝牛奶、睡前一小时调暗灯光、不看手机、点按能安眠的穴位、听助眠的白噪声……但我发现，我的大脑总会在入睡的前一秒，挣扎着清醒过来，然后思考任意一件无关睡眠的事。

我好像很害怕自己睡着。

我在对抗什么？很多事情并不要紧，为什么我不能先睡觉，有话明天再说，有事明天再想？

带着疑惑，我读了更多的书，写了更多情绪日记，终于在某个无眠的深夜，突然被一个答案击中——**是因为强烈的、没有被解决的分离焦虑。**

小时候，我是留守儿童，一直被养在奶奶家，父母工作忙，只有节假日才回老家团聚。

我很小就会接电话了，性子安静，鲜少与邻家伙伴嬉耍，大多数时候，我都守在电话旁，等待爸妈来电。

逢年过节，爸妈带着大包小包的零食和玩具回来看我，我非常欢喜。妈妈会讲很多新奇有趣的故事，爸爸给我唱好听的歌，纠正我普通话的发音，还把我举得高高的。爷爷奶奶都老了，抱不动我，只有爸爸能把我抱在肩头。

每次见面，妈妈的样子都不同，时而是大波浪，时而是黑长直，爸爸总是一样的，拿着紫色的大手提包，里面装着他们满满的思念。

假期永远短暂，有时是两三天，有时是六七天，爸妈就又走了。

从县里回省城的大巴发车早，凌晨 5 点就开走了，奶奶想让我多睡一会儿，又怕我舍不得爸妈，会哭闹，所以从不叫我起床送站，每次我都是醒来以后才发现，爸妈已经走了。

一张大床空荡荡，只有一个布娃娃放在枕边，写字台上，爸爸的紫色大包又不见了——小小的孩子，孤零零地醒来。

我还未懂事，就已感受到失落、孤单、难过，心上仿佛空了一块。

后来，因为怕错过他们离开，知道爸妈哪天走，我当晚就挺着不睡，但每次都熬不住，沉沉睡去，一睁眼，天已大亮了，又错过了告别的时刻。

我于是再度陷入懊恼、无助、自责中。

再往后，奶奶干脆不告诉我爸妈哪天走了，结果我每天都很警觉，观察他们是否流露出要走的蛛丝马迹，日夜担忧，觉也睡不好了。

长大以后，我总不相信来日方长，只怕夜长梦多，一睁眼，想见的人已远走，想说的话再来不及说出口……

05 看见伤痕，疗愈才会发生

前几年，我一直看心理医生，有时参加团体治疗，一大群陌生人聚在一起，各自倾诉苦难。

有一个打扮入时、五官精致的女性，讲起自己的童年。

她和妹妹幼时在老家留守，父母在大城市上班，每到过年才能回家，她说："有一次，**爸妈又要回去上班，我就偷偷地把我和妹妹的小衣服放在了爸妈的行李箱里，希望这样，他们就能带我们走了。**"

她泪眼婆娑，妆都哭花了，我的心也像被狠狠戳了一下，留守儿童的分离焦虑都是相似的。

那些离别，即便我们能理解，却也是真的难过，又无能为力。

长大以后，我丢失了睡眠，总怕一觉睡去，很多事都来不及了；醒来，又要面对无奈的分离。

其实，儿童出现分离焦虑是很常见的，分离焦虑是个体与亲密对象（如父母、监护人或依恋对象）分离时所表现出的过度焦虑情绪和行为。

小到第一次去幼儿园、第一次离开家，都会出现分离焦虑，但如果是留守儿童，要面临的分离时间更长、程度更深，这种分离焦虑如果没有被看见、被纾解，则会带来更多心理障碍的隐患。

儿童的分离焦虑，由轻到重，可能有以下几种表现：

1. 情绪反应和行为问题。比如哭泣、发脾气、明显的不安；在分离时紧抓着父母不放；过分孤僻，不和小朋友们一起玩，拒绝去学校。

2. 过度担忧。孩子可能会对父母或照顾者的安危感到过度担忧，担心他们会受到伤害或不再回来，永远地遗弃自己。

3. 身体症状和睡眠问题。分离焦虑严重时，孩子可能会出现头痛、胃痛或其他身体不适的症状，这些症状通常不是器质性损伤，而是心理创伤的躯体化显现；还有的孩子会经常性地失眠、做噩梦或在夜间醒来。

如果儿童的分离焦虑过于严重，或者持续时间过长，可能会影响到孩子的日常生活和社交，家长不应放任处之，而应多加关注，及时干预。

对于那些和我一样带着分离焦虑创伤长大的成年人，改变生活习惯是应对分离焦虑的重要手段，以下是一些有助于缓解的方案：

1. 健康饮食。均衡营养的饮食有助于身心健康，避免过多摄入咖啡因和糖，这些物质可能会加剧焦虑感。

2. 规律作息。保证充足的睡眠，养成早睡早起的习惯，有助于提高身体和心理的抵抗力。

3.学习放松。练习深呼吸、冥想、渐进性肌肉放松等放松技巧，参与绘画、歌唱、阅读或园艺等活动，寻求内心的放松与宁静。

此外，避免过度工作，练习正面思考，限制睡前使用电子设备的时间，经常记录自己的感受和经历，也有助于理解自己的情绪模式，发现潜在的焦虑触发因素。

更重要的是识别内心抗拒睡眠的原因，**只有看见伤痕，疗愈才有可能发生。**

万物皆有裂痕，那是光照进来的地方。

昨晚，当我的潜意识又在与睡意做斗争时，我忽然想向一个曾经爱过的人道歉，脑海里迅速开始彩排：为何道歉、如何道歉、对方该是何种应对、我再做何反应……

在我想要伸手拿起手机的那一刻，我对自己说："明天再说，一切都来得及。"

在澳大利亚黄金海岸的日子，我学会的最重要的人生一课，就是不必着急，相信人生缓缓，自有答案。

我经由光阴，

经由山水，

经由乡村和城市，

同样我也经由别人，

经由一切他者以及由之引生的思绪和梦想而走成了我。

那路途中的一切，

有些与我擦肩而过从此天各一方，

有些便永久驻进我的心魂，

雕琢我，

塑造我，

锤炼我，

融入我而成为我。

——史铁生

Part4
我即万千路途的总和

1

人在江湖漂，
谁能不挨刀

———

顾客大呼上当，

投诉无门，

只得感慨一句：

人在江湖漂，

谁能不挨刀。

这就是我环球旅行的最后一站，

给 30 岁的环球之旅，

画上的不完美句号。

法属波利尼西亚塔希提岛（大溪地）

01 把梦想照进现实

去大溪地是临时起意。

早就听闻大溪地是海岛天花板，拥有层次分明的果冻海、静谧的沙滩、清澈的潟湖、丰富的野生动植物和独特的波利尼西亚文化，也是众多明星的婚礼举办地。

从新西兰飞美国，在大溪地中转，被当地人热情的歌舞表演深深吸引，使之成为我梦中的旅行目的地。

环游世界的最后一站，我原计划去阿根廷，探访"球王"梅西的故乡，不料签证出了点差错，无法按计划前往，于是我决定把梦想照进现实，奔赴大溪地。

大溪地是法国海外领地，需法国签证，我早年去过法国，但此行没有安排，签证要重新办理。

我询问南美的中国大使馆，得知游客身份无法办理异国签证，只能回中国办。我仍不死心，查了许多攻略，终于发现了一种新奇的入境方式——免签函。

在大溪地，个人自由行要办签证，但若经由旅行社预订机票和酒店，就可获得旅行社出具的免签函，凭此可在大溪地停留 14 天。且旅行社不负责行程，只订机票和酒店，不算真正的"跟团游"。

我喜出望外，开始四处搜索旅行社。

一个非常热情的销售员——M 小姐，闯入我的视野。

她的头像是一个笑容明媚的女生，穿波希米亚风长裙，戴大檐草帽，在海岛散步，白色沙滩，海水湛蓝，阳光甚好。

她说，这是在大溪地拍到的"人生照片"。

景美人美，搭配她热情洋溢的话语，尽管她所在的旅行社规模较小，价格也并不便宜，但我与人交往，颇看缘分，于是迅速签约，交付定金。

虽还未出免签函，但我信任她，早早订好了往返大溪地的机票，告诉了她住宿日期。

因大溪地是此次旅行的最后一站，从大溪地离开我就要回国了，只有一趟凌晨 4 点的早班机。我问 M 小姐当晚是否需要住宿，她说不必，提前 3 小时值机，凌晨 1 点到机场，白天可以在城市里逛街，晚上回酒店休息室，半夜 0 点再送我到机场。

我对此安排十分满意，之后几天，流连在亚马孙热带雨林里。M 小姐杳无音信，但我对她很放心，每个人都有自己的工作节奏，我也无须催促。

过了两周多，此时，距离飞往大溪地的日期，已不足半月。

02 "事已至此，你奈我何"

每晚回到酒店，我都会看大溪地的纪录片，畅想环球旅行的最后一站。

早晨，在博拉博拉岛的七彩潟湖里浮潜，看小丑鱼在斑斓的珊瑚丛中自在游弋，宛如跳动的音符，魔鬼鱼优雅地掠过清澈的海水，在晨曦中画出优美的弧线。

午后，向当地土著学习编织草帽的技艺，随着手鼓的节奏摇摆，感受波利尼西亚文化的脉动。

夕阳西下时，天边铺展开橙黄、酒红、浅紫的晚霞，轻啜一口"麦泰"，任热带雨林的酸甜在舌尖绽放。

回到水屋，躺在面海的躺椅上，任海风轻抚，静候流星划过夜空，许下心愿。

过去数月，身骑白马走三关，往后余生，改换素衣回中原。

大溪地，是我的最后一站，是我 30 岁环游世界，画上的完美句号。

因为时差，M 小姐急匆匆地打来语音电话时，是我所在地的晚上 11 点。

她说，今天是能办免签函的最后一天，务必交齐尾款。

合同约定，旅行社先出酒店预订单、免签函，我再付尾款，她却突然变卦。

她说："现在离入住的时间很近了，酒店要求付全款预订，且不能退款。订了酒店，才能出免签函，旅行社不可能冒险帮你垫付尾款。"

"可我两周前就付了定金，本不必拖到今天呀。"我说。

她含糊其词。

我大概明白了，是她的健忘症加上拖延症，导致错过了预订时间，现在只能让我先付尾款，才能解决问题。

若不能订妥酒店，免签函怕是要泡汤，我的往返机票也已买好，没有免签函岂不一应打了水漂？

她转而咨询其他旅行社，答复一致：按照我的入境日期，今天是能够办理免签函的最后一天，且酒店皆须全款预订。

我问 M 小姐："你们违反了合同约定，是否可以解约、退定金？"

不料她竟立刻翻脸，明明是她违约在先，倒将我训斥了一顿，摆出一副"事已至此，你奈我何"的姿态，还"义正词严"地通知我："退款可以，我们财务有流程，估计要 15 个工作日后才能到账。"

大溪地的旅费，全款超过 6 位数，对我是一笔不菲的开支，她压着我的定金，我就没有多余的钱再付给其他旅行社全款了。

我对"00 后"整顿职场素有耳闻，没想到还要整顿客户。

一路走来，至此，算是真正体验到了"花钱受气"的感觉。

03 "巧取豪夺"的具象化

无奈之下，我补齐尾款，对"笑容明媚"的 M 小姐避而远之，但求平安出行。

一番折腾，凌晨 2 点多才终于睡下，早晨 6 点又被她的电话惊醒，要求我多订一晚酒店。

"之前我和你确认过，最后一晚不住宿，直接去机场，对吧？"我问。

"现在免签函办不下来，因为酒店只覆盖到前一天，离境是后一天，时间上有空当，无法出签。"她说得有理有据又坦荡，我倒恍惚了，之前是谁告诉我不必多住一晚的？

"那我在机场旁边订个快捷酒店就行吧？反正只是为了出签，我也不会入住。"我说。

"可以，我给你订，一晚 2500 元。"

听闻此语，简直如听惊雷，我睡意全无，迅速打开订酒店的 App，一查价格，只需 350 元一晚。

步步进逼，吃相难看，我对她也算寄付真心，何以至此？

我又问她："若续订我原本住的酒店呢？"

酒店官网和国内代理商的价格，最贵不过 1800 元。

"5600 元一晚。"

一瞬间，"巧取豪夺"一词具象化了。

我问能否自己预订，M 小姐发来一个大笑的表情，说："不行，我们的酒店销售也要挣钱啊！"

她说得自然，欺人太甚，甚至都懒得伪装。

见我沉默，她补充说道："今天是能办免签函的最后一天，你尽快交钱，一会儿我就要下班了。你已交了全款，如果退款，要 30 个工作日才能到账哟。"

她言语雀跃，我隔着屏幕都能感到她"赚到钱了"的欢欣。

04 不完美的旅行句点

我狠了狠心，续订了原来的酒店，这样我就不用晨起退房，可以优哉游哉地睡个懒觉，慢吞吞地收拾行李，等飞机起飞前，再去机场了。

结果离开当夜，酒店接驳车的司机让我务必晚上9点就出发……

即便多订了一晚酒店，还是要早早被送去机场，理由是他要下班了。

晚上9点，我不情不愿地在酒店大堂退房，接驳车司机嫌我动作太慢，威胁我说他下班了，让我自己打车去机场，转头就要送一对白人夫妇出发。

车上还有空位，他却拒不让我乘车。

我问他是否返回，他斩钉截铁地说"不会"，还"铁面无私"地告诉我："9点出发，不是9点退房。你迟到了，这是你应受的惩罚。"

于是，我倚在酒店大堂的沙发上，一边玩手机，一边"接受惩罚"。酒店经理路过，问我怎么不去机场。我说司机下班了，时间还早，我休息会儿再打车走。

经理说，他们提供的是 24 小时送机服务，接驳车是会无限次返回的，等那个司机回到酒店时，经理亲自把我送上了车。

上车时，那个司机瞪我，我也瞪他，两人都不说话，好在没出其他意外，我平安抵达了机场。

小小一方机场，连饮水机都没有，我花 5600 元多订了一晚酒店，最终被迫在硬邦邦的候机室，坐足了 6 小时。

诚然，大溪地是我走过的所有海岛中，风景最美的胜地，此行却因种种陷阱而失色不少。

回国后，我向"12345"投诉，被告知没有发票号，无法受理。

M 小姐发来消息，让我先撤销投诉，再给我开票。

她说："我只是一个普通的销售，每个月赚几千块钱，公司行为不是我能决定的，但我可以帮你先开发票，不然你也无法投诉。"

我再度听信了她的话，可再投诉时，12345 的工作人员回复说："旅行社说已和你协商解决了，你不是已经撤销投诉了吗？"

我耐心地解释，撤销投诉是为了拿发票，我只希望旅行社退还最后一晚酒店的差价，按官网的最高价格 1800 元计算。

谁料此事日日拖拉扯皮，工作人员屡次三番更换，我每次都要解释，最终却被后台打上了"已解决"的标签。

再看"笑容明媚"的 M 小姐，已把我拉黑了。

大约当地政府也想保护本地企业，默许了这种强买强卖的手段——先曲意逢迎，再蓄意拖延，到最后一刻人为刀俎，我为鱼肉，逼至绝处，不得不逆来顺受。

顾客大呼上当，投诉无门，只得感慨一句：人在江湖漂，谁能不挨刀。

这就是我环球旅行的最后一站，给 30 岁的环球之旅，画上的不完美句号。

2

明天的事交给明天，
就是人间值得

———

今朝有酒今朝醉，

明日愁来明日愁。

你们担心的这些事都还没发生，

也许根本不会发生。

浙江乐清

01 鲜花着锦的 30 岁

环游世界归来，我给自己休了个长假。

上路前得知，生肖属狗的人这一年"犯太岁"，我在上一次"犯太岁"的年份过得十分辛苦，于是赔着一百个小心，如履薄冰地度日。

好在这一年大多数时候我不在中国，可能"犯太岁"也分地域，幸而平安无恙。

这一年，我去了 18 个国家，发了 40 条旅行视频，写了 130 篇文章，出版了 5 本书，开了 4 场签售会，录了 3 档节目，做了 17 场直播。

30 岁的这一年，与以往相比，当算鲜花着锦、热气腾腾的一年。

没有工作的日子，我每天拖一个小车，去菜场买菜。

然后拖着菜，来到小区的健身器材旁边，玩一会儿老年人喜欢的各项健身项目。

前段时间有一条热搜，公园里最常见的"前后踢腿"的健身器材，堪称健身神器，可以治疗久坐带来的腰痛和骶髂关节紊乱。

我信以为真，每天都去踢一会儿腿，顺便晒晒太阳。

卖菜的阿姨见我总是一袭睡衣，在工作日的上班时间出现，问我是不是怀孕了，所以不上班。

我说，没有怀孕，只是不想上班。

她很惊讶："你这么年轻，不上班，也不带孩子？"

在大多数人心里，不上班的人，必须有一件更重要的事来做，才能抵消掉因不上班而对社会和他人产生的耻感；而不上班，也该是一个短暂的、临时的、阶段性的状态，不能维持很久。

我去录一档访谈节目，记者听闻我全职写作，也很震惊，他说从未见过一个普通人，可以只凭写作就能活着。

我说，我物欲极低，1000块钱够花一个月，一年一万二，还不到你一个月的工资。

他问我，是不是和社会脱节得厉害。

大约是。

没有高压的领导、攀比的同事、难缠的甲方、早高峰地铁里抢座的陌生人……应该是脱节了。

至于朋友，他们不会因我没有工作就不搭理我，跟家人的沟通也比从前更多些，冬天还陪退休的妈妈住了两个月，常回乡看望奶奶，这些关系不仅没有脱节，反而更加紧密了。

记者很希望引导我说出对未来的焦虑，一直问我，没有钱花怎么办、病了住不起ICU怎么办、老来无人送终怎么办……

我想起早些年，有一个女生在微博后台向我大吐苦水。

她丈夫出轨了，决定净身出户，可她死死拽着对方不离婚，每天都如在地狱。而她拒绝离婚的理由是："如果离婚了，我死了与谁同葬？我们老家的风俗，嫁出去的女儿是绝不能回娘家的祖坟的。"

我问她："有没有可能遗体捐献呢？"

她听完，不久就签了离婚协议书。

"杞国有人忧天地崩坠，身亡所寄，废寝食者。"杞国有个人担心天会塌，自己没有安身之所，每天吃不下饭、睡不着觉，这个成语叫"杞人忧天"。

初读只觉可笑，如今看来，生活里忧天的"杞人"，却比比皆是。

02 橙黄橘绿半甜时

国庆节去了趟浙江，没去旅游城市，只是刚好发现了温州往返的特价机票，就去这个小众目的地躺了几天，恰是江南橙黄橘绿半甜时，秋高气爽，轻暖轻寒，看小桥流水，吃当地美食，快哉美哉。

爬了雁荡山，最初只因其名字动听而被吸引，亲临其境，越发喜爱这座"海上名山"。

下过一点小雨后，山色空蒙。雁荡山的灵峰、灵岩、大龙湫和方洞四处景区，各有千秋。

东大门的灵峰，峰峦叠嶂，怪石嶙峋，碧潭清润，这里的夜景是"雁荡三绝"之首。

灵岩是雁荡山的"明庭"，峰峦雄壮，绝壁回环，古洞奇诡，还有一座拥有千年历史的佛教寺庙，灵岩寺。

大龙湫是雁荡山最著名的瀑布，高约 197 米、宽约 15 米，落差大，水流湍急，气势磅礴。

方洞以火山岩地貌和峡谷景观为主，有"天下第一峡谷"的美誉。

在温州，吃到的糯米饭、江蟹生、蛋打冰激凌都太好吃了，打开美食地图，又发现了邻市台州的特色美食——泡虾、乌饭麻糍、蛋清羊尾，不知其味，当即决定坐高铁奔赴品尝，幸而皆不虚此行。

从温州往南，去了福建，看了师父。

我在新书《人间一趟，快乐至上》里有一篇文章，最受读者喜欢，名叫《29 岁不上班，我在寺庙当义工》。

那座寺庙，就在福建，我发愿每年都会抽时间回去。

刚好我有一个关系很好的朋友，在福建当大学老师，她很优秀，是福建省引进的优秀人才，学校给分了房，是一个二层带旋转楼梯的小复式，她说："你就把我家当成你的在闽'行宫'，随时回来。"

这样一来，看望师父、看望朋友，一举两得，我倒有心将来再去福建生活几年。

福建有山有海，是有"福"之地。

国庆节后，还有一场成都站的签售会，这是我的读者们拼命争取来的。

她们给出版社编辑发微信，说："拜托一定要让梦霁来成都开一次签售会，可以住在我们家里，不用出版社报销酒店费用，我们还可以接机、送机。"

说来惭愧，中国作家协会的活动我一次都没参加过，"文坛盛宴"也从未邀请过我；坚持写作 20 年，我依然是社交平台上只有 400 个粉丝的小透明；圈内人提起我，总会摇着头说："李梦霁啊，挺可惜的，书火人不火。"

但是，作为一名写作者，能有幸拥有一些像家人一样倾情

支持我的读者，我已没有什么遗憾了。

只希望自己能竭尽全力去准备每一场直播和读者见面会，不要让大家失望吧。

我看过很多作家的签售会，几乎场场雷同，有一些固定的金句和段子一定要讲。但我的每场签售会，都会讲不同的故事、谈不同的见解、答不同的问题。

其实，每次我面对的都是不同的人，即便背稿也不会被发现。

面对"你在环游世界的旅途中，遇到过什么有趣的事"这个问题，我每次分享的，都是在不同国度不同的际遇，因为我要对在线观看直播的读者负责。

真的有人每一场直播都看，哪怕只有一两位，但我想让他们听到不同的故事，不要觉得看我的直播是浪费时间。

03 悲观主义者不焦虑

采访的时候，我对记者说："一个彻彻底底的悲观主义者，是没有焦虑的。"

焦虑是因为你对自己有期待，对美好生活有期待，然而又没能达到，总是不如意，所以才焦虑。

而松弛，是因为对自己没有期许，这不是乐观，恰恰是悲观。

因为绝对地悲观，所以不抱任何不切实际的期望，放弃幻想，进一寸有一寸的欢喜。

我说："别人可能会觉得，我写出了百万畅销书，应该百尺竿头，更进一步，下一部争取创作出千万册的畅销书。我不会这样想。我相信《允许一切发生》是我此生唯一一部百万畅销书、最后一部百万级的作品。所以我没有期待，当《勇敢的人先享受世界》不断加印时，我很惊讶，也很惊喜。"

记者问我："这样的人生，没有期待的人生，不会很苦吗？"

我本想说，众生皆苦，活着本来就是在苦海泅渡，但转念一想，这样讲未免过于悲凉。

所以我说，**相比于"求之不得"，不求，结局无论是得或不得，都好。**

师父说，佛曰因果，是教我们：因上努力，果上随缘。

我更想在过程中努力，所以我笔耕不辍地写、焚膏继晷地写，使我感到愉悦的是"努力创作"本身，而不是排行榜上的数字。

我对结果亦不强求，一本书，畅销或滞销，如今已经不会给我的心绪带来太大的波动了，我没有期待它们"更好"，我允许一切发生。

04 今朝有酒今朝醉，明日愁来明日愁

成都签售会结束，我打算和我妈一起走遍四川。

四川好玩的地方实在太多，成都周边的黄龙、九寨沟、峨眉山、四姑娘山、稻城亚丁，各有千秋，我们打算把它们一一游历。

早些年，去九寨沟还要坐八九个小时的大巴，我发小在四川大学读本科，2015 年我们相约从成都去九寨沟，大巴坐得

一双脚都肿了。

如今竟有两小时就能抵达的高铁，我当然要故地重游。

9年前的九寨沟山寒水瘦，不知如今，经历几番地震和天灾，又是何面目。

更不知自己，会不会感物伤怀，徒生"物是人非事事休"的慨叹。

成都去峨眉山，有高铁直达，可以当日往返，也是很不错的旅行目的地，我还没去过，这次安排一趟短途旅行，去探访周芷若的江湖。

小时候看《倚天屠龙记》，我最好的朋友喜欢周芷若，小小的我简直无法理解，除了女演员高圆圆貌美，值得喜欢，周芷若一角，为人阴险、虚伪，又善妒，最后还黑化出了九阴白骨爪，为何有人喜欢？

后来，我们维系了20年友谊，我了解到她在原生家庭里吃的所有苦，明白了人生在世，总有为难之处。

像周芷若这样幼时丧父，小小年纪就被送去峨眉派学武的女孩，断不能如汝阳王之女、郡主赵敏那样理直气壮地说：
"我偏要勉强。"

在那样的时代，女性命运飘摇动荡，她无枝可依，只能怯
怯地说一句："倘若我问心有愧呢？"

少年不知曲中意，听懂已是曲中人。

**周芷若才是我们普通人，有那么多的不得已、不甘心，不
足为外人道。**

而守着电视机看《倚天屠龙记》的我，也从一个黑白分明、
界限明朗的咿呀小童，渐渐长成海纳百川、接受变故、诚觉世
事尽可谅的大人。

不知是喜是悲。

我在 2021 年第一次去稻城亚丁，抵达当日狂风暴雨，我
还刚摔伤不久，身体虚弱得很，最终只记得自己凭着超人的意
志力登到了山顶。海拔 4600 米，大雨倾盆，还下起了冰雹，
未曾欣赏到一丝湖光山色，更不必说亲临"上帝打翻的调色
盘"了。

这次，我决定再度出发，补上那些年错过的大雨……之下的美景。

稻城亚丁景点分散，山路难行，不通火车，最好的方案是当地参团，但我再也不会跟团了，掐着表上下山，本来就有高原反应，还要限时，着实辛苦。

我们打算坐飞机直达亚丁，下飞机先吸氧，再去酒店躺两天，适应高原气候，之后看好天气预报再去爬山。

长大了，也有了更多的旅行经验，心态上总是放松些。

况且"有妈妈的地方就是家"，和妈妈一起旅行，即便她什么都没做，我也深觉安心。

从稻城亚丁返程，必然会取道重庆，到时再去重庆吃几日火锅，亦是美事一桩。

希望这一个月的小长假，能少被打扰，玩得尽兴。

就像我对那个卖菜的阿姨和访谈室的记者说的那样："今**朝有酒今朝醉，明日愁来明日愁。你们担心的这些事都还没发生，也许根本不会发生。无论如何，明天的事交给明天，今天过得开开心心的，就是人间值得。"**

3

勇敢之前，没有幸福

旅行真正的意义，

是见天地、见众生，

是让我们不再理所当然地活着。

黑塞说："全世界的水都会重逢，北冰洋与尼罗河会在湿云中交融。"

这古老的浪漫比喻，

也是旅者与目的地的关系。

无论相隔多远，机缘发生，总会相逢。

秘鲁

在离我们最遥远的大洲，有一片神秘的土地，承载着印加文明的辉煌与亚马孙雨林的原始力量。

从高原梯田，到水上浮岛，再到热带雨林的绿野仙踪……秘鲁，是那样迷人又丰盛的国度，每一寸土地都在召唤勇者的脚步。

01 马丘比丘：云上诗篇

清晨的安第斯山脉雾霭漫卷，我乘坐巴士，沿着蜿蜒的山路盘旋而上。

窗外的画卷徐徐展开。

陡峭的悬崖下，乌鲁班巴河粼粼闪烁，印加人开垦的梯田层层叠叠，仿佛大地通往天堂的巴别塔。

马丘比丘，这座失落的印加古城，在晨雾中若隐若现。

当阳光刺破云层，古老的石墙渐渐清晰，那些石块之间严丝合缝，没有任何黏合剂，历经数个世纪的地震，却屹立不倒。

这些沉默的石头，是印加文明最忠实的见证者。

石墙上倾斜的窗户是为了观测冬至、夏至的太阳位置；梯田不仅可用于耕种，更是一个精妙的排水系统；而那些错落有致的建筑群，则对应着夜空中的星座。

正午，我在遗址旁的餐厅品尝当地美食。

紫色玉米是印加人的圣物，颗粒饱满，配上用安第斯山区特有的藜麦炖煮的羊肉，佐以秘鲁特产黄辣椒酱，每一口都是对味蕾的馈赠。

一定要尝尝当地的古柯茶，可以驱散高原的寒意，也能预防高原反应。

暮色四合，我登上马丘比丘最高处的太阳神庙遗址。

金色夕照倾泻而下，将安第斯山脉晕染成流动的琥珀，山岚自谷底升腾，托起这座天空之城，沉默千年的梯田与石垣，仿佛在轻声与云海对话。

这些被岁月包浆的巨石，是一阕凝固的史诗，每个棱角都诉说了文明与苍穹的古老盟约——**大地消解重力，将人间烟火渡往星群；天空俯身垂落，将神灵的呼吸镌入每道石隙。**

古往今来，人类从未停止探索世界、追寻不朽，但真正不朽的，从不是神明，而是我们内心的神性。

02 的的喀喀湖：浮岛碎片

海拔 3800 多米，这里是南美洲海拔最高的淡水湖——的的喀喀湖，它被誉为"安第斯高原的湛蓝明珠"，空气稀薄而纯净。

在湖上泛舟，便可看到一座座由芦苇编织的浮岛，漂在湖面，随波轻摇，这是当地人赖以生存的水上家园。

　　岛民们就地取材，用芦苇建造了房屋、船只、家具，世世代代居住在这些漂浮的岛屿上。

　　踏上浮岛，双脚感到草木的弹性，像是踩着时光的海绵，无数金黄的纤维在脚下苏醒，暗藏先民与自然博弈的智慧。

　　岛民玛利亚邀我走进她的芦苇屋参观，屋内温暖干燥，有一张不足 1.5 米的床，一个小方桌，墙上挂着色彩斑斓的纺织品，讲述着艾马拉人的故事。

　　向游客贩卖纺织品，是女人们重要的收入来源。男人们有的开船去陆地上找活做，晚上才回家，也有的在岛上开小餐馆，赚游客的钱。

　　岛民把脚下的芦苇掏个洞，下个钩，两三分钟就能钓上来一条鱼，一上午收获颇丰。这种的的喀喀湖里特产的鳟鱼，用当地香料腌制，煎至金黄，配上特有的藜麦和紫色土豆，就是餐桌上色彩斑斓的美食画卷。

　　漂浮岛大小各异，小的只有 8 户人家，十几口人，大的还可以建咖啡厅、餐馆。

傍晚前，一定要赶到阿曼塔尼岛，这里是日落最佳观赏点，看夕阳沉入湖面，天空是胭脂红、淡紫色、黛蓝色调成的温柔色调。

当地人相信，的的喀喀湖是太阳神的诞生地，是被安第斯山神含在唇齿间的冰魄。

历史学家说，这泓碧水，是一个活着的文化博物馆，悬浮承载着安第斯文明的记忆；诗人说，库斯科王国的脐血仍在湖底流淌，西班牙人的火枪未能熔化的青铜器铭文，正化作水草在暗流中生长；岛民说，高原圣湖永不封冻，是神灵的庇佑。

而我只感慨，他们与我们是那样地不同，我们分据地球的两端，却都昂扬热烈地生活在这片星球上。

若没有走出熟悉的生活圈，我想象不到世界上还有人这样生活，用芦苇编成房子和土地，日出而作，日落而息，捕鱼、纺织，没有任何现代的娱乐。

没有 996，没有 DeepSeek（深度求索），没有存款，没有复杂的关系、朋辈压力，没有永不止息的焦虑——原来，人还可以这样活着。

早年听"高人"指点，在交友软件上，女性不要写自己的爱好是"旅行"，因为在很多人眼里，旅行只是一种消费，并不利他，也不创造价值，真正"好嫁"的爱好是烹饪。

但在我看来，旅行真正的意义，是见天地、见众生，是让我们不再理所当然地活着。

回归最初的简朴，生活就是吃吃喝喝，开开心心，其实我们所需甚少，大自然早就慷慨赠予了，是人类贪欲不止，才本末倒置，不断外求。

03 亚马孙雨林：绿野仙踪

离开高寒的库斯科高原，飞机降落在炎热的伊基托斯，这座被亚马孙雨林环抱的城市，空气中弥漫着潮湿的草木气息。

作为世界上最大的热带雨林，亚马孙雨林横跨数国，相当于澳大利亚国土面积的 70% 左右。

我住在雨林里，每日晨起，泛舟亚马孙河，追逐日出和粉海豚（学名为亚马孙河豚）。

在码头，每天都有一只胖乎乎的水豚走来走去，被迫"营业"，被所有人抱起来合影留念，它有一个可爱的中文名：卡皮巴拉。

卡皮巴拉是一种情绪极其稳定的动物，不管是谁来抚摸它、抱起它，它都是一副宠辱不惊的模样。

为了给我们展示卡皮巴拉的"沉稳"，那里的原住民把一只小猫放在卡皮巴拉的背上，不料卡皮巴拉并不逃走，也不挣扎，而是面无表情地卧了下来，还闭上了眼睛。

难怪它成了当代年轻人最喜欢的"新晋网红"，这样处变不惊、情绪稳定，用"就地冥想"解决一切生活的难题，简直是我们最向往的精神状态。

生活给每个人都出了许多难题，就像亚马孙雨林里卡皮巴拉的"当头一猫"，挣脱不了，无力改变，干脆"携猫而卧"，坐一会儿，晒晒太阳也很好。

雨林里的风浪从未止息，但卡皮巴拉从不焦虑。

登上木船，沿着亚马孙河支流深入雨林。雨林中暴雨总是突如其来，一件防水冲锋衣必不可少，向导说："我们从来不看天气预报，因为没人能预测雨林的天气。"

雨后，我们停靠在一个土著村落。

村民抱着树懒、小猴，抓着鹦鹉，同游客拍照，展示他们传统的"吹箭"技艺：把短箭放入一支长约 3 米的竹筒，对着一头吹气，竹筒另一端就会迅速射出短箭，当地人以此方法狩猎。

我在帕劳海钓时，习得了钓鱼技能，午餐正是我从亚马孙河钓上来的新鲜小鱼，个头只有巴掌大，黄色、红色、银色、黑色，据说这些鱼儿以坚果为食，故而味道十分鲜美。搭配雨林特有的木薯和棕榈芯，就是一盘五颜六色的热带风味美食。

夜晚，向导带领我们在雨林探险，打一支手电筒，穿过 40 米高的悬索桥，我亲眼见到了近乎透明的绿色毒蛙、鹅蛋大小的毒蜘蛛、在树冠上攀缘呼喊的狐尾猴、尾巴像拖着一把大扫帚的食蚁兽，还有只开一夜的白莲花。

亚马孙雨林的白天属于游人，夜晚才是动物的天下。

鸟叫、虫鸣、猿啼、鹤唳，是雨林的交响乐。

当晚还有一只长约 15 厘米、硕大的白色知了，趴在我房间的窗棂上，叫足了一整晚。

这是一个鲜活的生命网络，每一片叶都在为地球生产氧气，每一条溪流都在哺育数百万物种，每一条年轮都在讲述生命的奇迹。

这是地球之肺，这里的人们感恩自然、敬畏自然，努力守护着人类共同的未来。

南美行前，我有许多担忧和恐惧，害怕混乱的治安、不通的语言、遥远的路途、丛林的危险、山地的高原反应，但亲临其境，却发现这里有太多闻所未闻的奇景和惊艳之处，绝对值得一探。

黑塞说："**全世界的水都会重逢，北冰洋与尼罗河会在湿云中交融。**"这古老的浪漫比喻，也是旅者与目的地的关系。无论相隔多远，机缘发生，总会相逢。

勇敢之前，没有幸福，而那些敢于踏上未知旅程的勇者，会真正爱上这个人间。

好好爱自己，
是我们一生的课题

在我 30 岁这一年，事业突然起飞，也有了更多登上舞台的机会。

我把每一次访谈、签售会、录节目都当作很重要的事，因为我珍惜每一次与读者见面的机会。

但能来现场的人总是少数，需要很多机缘，于是我把这些访谈都提炼成文，收录在书里，让无缘相见的朋友，见字如面。

以下这段访谈，发生于 2024 年夏天的最后一天，对谈人是一位非常著名的北京记者。

与她的谈话，让我也反思良多，成长良多，我很感谢生命里这样的相遇。

发自肺腑的热爱，倾尽全力的燃烧

问：你的书卖了差不多有 100 万册，你的人生发生了多大的变化？放眼全国，能畅销 100 万册的书其实特别少，尤其是最近几年，可以说是屈指可数。所以我们也想知道，有这样的畅销书，会让你在收入方面有特别大的改善吗？

答：最大的变化是不用上班了，成了一心向往的全职作家，以前只是业余时间写作。

写了《牧羊少年奇幻之旅》的作家保罗，15 岁就决定成为作家，他的母亲忧心忡忡："你的叔叔是一名医生，他也写书，有些甚至还出版了。如果你学习工程学，一定也可以利用业余时间来写书。"

保罗坚定地回答："不是的，妈妈。我想成为·名作家，而不是一名会写书的工程师。"

我写作 20 年，在学校，是"会写书的大学生"，毕业了，是"会写书的打工人"，我没想到有朝一日可以成为全职作家，也算是实现了儿时的诺言吧。

图书市场大不如前，如今我写书的收入，远比不上前些年的百万畅销书作家，不过我不是为钱而写，为钱而写不会坚持很多年。**写作是我发自肺腑的热爱，是一种倾尽全力的燃烧。**

大家都上班，深知 8 小时工作已耗尽心力，但我常年写作，都是在下班以后。我焚膏继晷地写，笔耕不辍地写，无人问津地写。写作使我进入"心流"状态，高度专注，废寝忘食，虽然辛苦，但心甘情愿。没有真挚的、深厚的热爱，坚持不下来。

我想对年轻的朋友说，**如果你有一个发自内心的爱好或者梦想，坚持下去，总会有实现的一天。**

别人的期待不重要，我先管好自己

问：你觉得自己是幸运的吗？还是说，成为"畅销书作家"本身，就在你自己的人生计划里，你只是在一步步地去实现这个计划？

答：我写第一本书时是 19 岁，22 岁出版，卖了 10 万册，因为是人物传记，赛道比较窄，这个销量还算不错。后来到29岁，出版第三本书，写励志散文，卖了100万册，这两本书都是我意料之外的惊喜，我当然是幸运的。

我对自己的期待一向不高，写作也不会以销量为目标。销量是别人的事，我只能做好自己的事，好好写，写对得起自己的文字，我就满意了。

作家刘同说，如果人生可以回到任意一个时间段，他最想回到刚北漂的时候，因为本来就没有资本，没有能力，所以没什么可失去的，只要做得比昨天好就够了。他说：**别人对我的期待已经不重要了，我先管好我自己。**

我北漂了很多年，得到的成绩也不多，一直是"空杯"心态，在心里，我把自己看得很轻，我不觉得自己应该成为畅销书作家，应当受人追捧，必须达到所有人的期待——它们都不在我的计划里，**我的计划只是写，一直写，写到写不动的那天。所以我一直活得很松弛吧，我允许一切发生。**

好奇心就是生命力

问：这两年最火的职业是博主，我们可以看到，越来越多的年轻人从事博主这个工作，旅行博主、美食博主、家居博主，甚至是离职博主，你也可以给自己贴一个醒目的标签：百万畅销书作家。然后吸睛、吸粉，拥有更多的流量和粉丝，你为什么没有这么做呢？

答：实不相瞒，我偶尔也做博主，发图文、拍短视频、开直播，只是没有做出名堂来，但我接受所有的新鲜事物。

我虽无意追求热度和曝光，**但对这个世界保持好奇心是必要的，好奇心是生命力。**当有一天，我不再对新鲜事物感兴趣了，就说明我老了，好在目前我还没老。

但博主既然是一份职业，想做好，一定需要投入百倍的努力。我的时间、精力有限，只能做好一件事，写作已耗费我太多的心血了，只能捎带着做博主，没法为了涨粉，竭尽全力地运营。

而且尺有所短，寸有所长，我在写作上拥有天赋，或许在做博主这件事上，就没那么有天赋了，但我欣然接受。**我总觉得，人生不是高考，我们应该学会的是扬长避短，没必要花无**

限的精力去补齐短板。

用文字思考苦难，涉过苦难

问： 你一直在写作，相当于一直在记录自己的人生，从《允许一切发生》爆火至今，你出版了 8 本书，在这个过程中，你觉得自己有什么改变吗？

答： 在每个人的成长过程中，都会有一个或者几个突发事件，在这些事情之后的某个时刻，你会突然间，势如破竹地长大。

《允许一切发生》是我"成年早期"的作品，虽偶有波折，人生大盘基本顺风顺水，在读者的书评里我也看到，很多人羡慕我过着现世安稳、岁月静好的生活。

我不算野心勃勃、力争上游的人，过普通人的生活，有爱好、有家庭、有朋友，在国企上班，考了名校的在职研究生，还有闲暇时间写书、旅行——我在书里写："小日子，已是好日子。"

《允许一切发生》上市后，我的生活发生了翻天覆地的变化。婚姻解体、猝然失业，一次又一次上法庭，感觉人生来到了一个巨大的分水岭。

记得那段时间，我丢了工作，没事干，回老家，我妈妈说了这样一段话：

我常常想到你25岁的时候，没结婚，没谈恋爱，在国企上班，我和你爸去北京给你过生日，那时的你还是那么单纯的小女孩，拿着单位发的蛋糕券，蹦蹦跳跳地跑去买蛋糕。

我们一家三口吃烤鸭、逛北海公园、去西四看开心麻花的话剧，我本来以为你会永远那么单纯的。

但好像就在一夜之间，你突然变得成熟了，变得妈妈都不认识你了。再看你曾经的照片，我有一点难过。

你爸爸说，闺女经受的苦难，是咱们无法想象的。

经历了种种风吹浪打，我又写了很多，从"过不紧绷、松弛的人生"，到"允许万物穿过我"。

在书里，我回溯了自己和父母的对话、和原生家庭的羁绊、婚姻里的一地鸡毛、与朋友的相互扶持，还有我读过的书、看过的电影、走过的城市。

人生所有不幸的遭遇，都是来渡我的船，提醒我还有没修好的功课，所以我重新反思过往人生，用文字来思考苦难、涉过苦难。

你值得一切幸福

问：你说，生活发生了很大的变化，我也了解到你近几年的生活有许多变故，包括婚姻的破碎，网络上也有很多猜疑和讨论。现在一切尘埃落定，你有什么想表达的吗？

答：其实在今天，离婚已越来越寻常了，从明星到普通人，不再是什么惊天动地、令家门蒙羞的大事。

但一段婚姻关系的终止，远比我最初设想的更复杂和疼痛，事态以我无法预料的方向急转直下，我也把它们如实记录在了其他书里，感兴趣的朋友可以找来看。

走到现在，一切尘埃落定，我只想让更多的年轻人以我为鉴：婚姻，对我们这短暂的人生来说，真的是相当重要的一件事，不该为"年纪到了""别人都结了"而将就。**每个人都有自己的时区和花期，有些事急不来，命里有时终须有。**

擦亮眼睛，选对人，需要许多智慧，也需要一点运气。如果尚在犹豫，给自己一点时间，真心和假意都会在时间的长河里，剥离出赤裸的真相。

假如你已身陷绝望、窒息的婚姻，及时转身，比余生妥协，更负责任。你永远是自己幸福人生的第一责任人。

无论单身、已婚、离异、再婚，我们都是美好的存在，值得一切幸福的可能，我们要做的，就是相信并且抓住它。

人生需要停下，知足常足，知止常止

问：现在的年轻人，其实比过去20多岁、30多岁的年轻人，了解信息的渠道多得多，我们知道，不开心不一定要过度苛责自己；我们也知道，在弯腰赚六便士的时候，也要抬头仰望月亮。旅行，几乎是所有年轻人的梦想，但又不敢请年假，不想放弃升职加薪的机会。关于工作和旅行、赚钱和梦想，孰轻孰重，该怎么选，你怎么看？

答：我很喜欢旅行，所以在 30 岁这一年，放下一切，环游世界。在这期间，我没有上班，没有写书，没有做博主，只是旅行，单纯享受在路上的晴雨跌宕。

人生是需要停下的，知足常足，知止常止。如果总处于拼搏、紧绷、昂扬的状态，弦会断掉，适时休息，就是张弛有度。

我读初中的时候，在太原最好的学校之一，中考压力那么大，但我的老师说："我不希望你们都变成做题的机器，我希望你们拼命地玩，玩命地学。"

这句话一直影响着我。

我看到成功的作家身陷抑郁，看到家财万贯的博士全年无休、透支健康，他们大概没有学会"拼命地玩"。

卷、自律、搞钱是一种状态，休息、旅行、听风看海，做点无意义的事，也是一种状态。当这两种状态协调统一地存在于生命里，我们才能比较健康、比较幸福。

所以"卷"和"躺"并不矛盾，两者应该此起彼伏，交替发生。我觉得最好的状态是"半卷半躺"，当个"45 度青年"，把欲望收回来一点，把梦想缩小一点。焦虑的时候，想想今晚追什么剧、去哪家餐厅吃饭、想见什么人，不必苛待自己，不必求全责备，允许一切发生，允许万物穿过。

当然了，可能正是性格里"躺"的部分，让我没能成为当红的作家、头部的博主，但我的人生还算幸福。对我而言，我觉得幸福比较重要。

别为难自己，好好爱自己，是我们一生都要修行的课题。

图书在版编目（CIP）数据

允许万物穿过我 / 李梦霁著 . -- 长沙：湖南文艺出版社，2025.5. --ISBN 978-7-5726-2412-4

I. B821-49

中国国家版本馆 CIP 数据核字第 2025JP2212 号

上架建议：畅销·励志

YUNXU WANWU CHUANGUO WO

允许万物穿过我

著　　者：李梦霁
出 版 人：陈新文
责任编辑：张子霏
监　　制：邢越超
特约策划：王珩瑾
特约编辑：王　屿
营销支持：文刀刀
版式设计：潘雪琴
封面设计：蔡炎斌
内文排版：百朗文化
出　　版：湖南文艺出版社
　　　　　（长沙市雨花区东二环一段 508 号　邮编：410014）
网　　址：www.hnwy.net
印　　刷：三河市航远印刷有限公司
经　　销：新华书店
开　　本：875 mm×1230 mm　1/32
字　　数：125 千字
印　　张：6.75
插　　页：12
版　　次：2025 年 5 月第 1 版
印　　次：2025 年 5 月第 1 次印刷
书　　号：ISBN 978-7-5726-2412-4
定　　价：52.00 元

若有质量问题，请致电质量监督电话：010-59096394
团购电话：010-59320018